CARTE [illegible]

100 DE REȚETE BOGATE ÎN FIBRE VEGETALE ESENTIALE PENTRU O ALIMENTĂ SĂNĂTOARE ȘI SĂNĂTATEA INTESTINĂ

Viorela Tocmelea

Disclaimer

Informațiile conținute în această carte electronică sunt menite să servească drept o colecție cuprinzătoare de strategii despre care autorul acestei cărți electronice a făcut cercetări. Rezumatele, strategiile, sfaturile și trucurile sunt recomandate doar de autor, iar citirea acestei cărți electronice nu va garanta că rezultatele cuiva vor oglindi exact rezultatele autorului. Autorul cărții electronice a depus toate eforturile rezonabile pentru a oferi informații actuale și exacte pentru cititorii cărții electronice. Autorul și asociații săi nu vor fi făcuți la răspundere pentru orice eroare sau omisiuni neintenționate care ar putea fi găsite. Materialul din cartea electronică poate include informații de la terți. Materialele terților cuprind opinii exprimate de proprietarii acestora. Ca atare, autorul cărții electronice nu își asumă responsabilitatea sau răspunderea pentru niciun material sau opinii ale terților.

CUPRINS

INTRODUCERE

Această carte de bucate inovatoare, plină cu rețete delicioase pe bază de plante, precum și un ghid orientat pentru optimizarea microbiomului intestinal, ascuțirea imunității, scăderea colesterolului și promovarea pierderii în greutate printr-o dietă bogată în diverse fructe, legume, nuci, semințe și leguminoase. Mai degrabă decât restricție, soluția este abundența și varietatea.

Această carte de bucate obligatorie vă va inspira cu rețete profund aromate și satisfăcătoare pe bază de plante, care fac stilul de viață alimentat cu fibre delicios și primitor. Dar Cartea de bucate alimentată cu fibre este, de asemenea, un program de tratament revoluționar pentru persoanele care suferă de sensibilitate alimentară care s-au străduit să-și controleze simptomele. În ea veți învăța strategia de CREȘTERE, o abordare inovatoare care îi ajută pe cititori să descopere ceea ce le cauzează problemele gastrointestinale și să descopere soluții reale, care sunt personalizate pentru nevoile lor individuale.

MIC DEJUN

1. Terci de mic dejun super semințe

Face 2 portii

⅔cană de ovăz

½ cană lapte de migdale neîndulcit

2 linguri de pepita crude, tocate grosier

Ciupiți ghimbir măcinat

Ciupiți scorțișoară măcinată

Ciupiți nucșoară măcinată

2 linguri seminte de canepa

1 lingură unt de migdale, plus mai mult pentru servire

2 lingurițe de semințe de chia

½ linguriță extract de vanilie

100% sirop de arțar (opțional)

Fructe de padure, pentru servire

Aduceți ovăzul și ⅔cană de apă la fiert într-o cratiță medie la foc mediu-mare. Reduceți focul la mic și adăugați laptele de migdale, pepitas, ghimbir, scorțișoară și nucșoară. Gatiti, amestecand ocazional, aproximativ 5 minute, pana cand ovazul este fraged.

Se ia de pe foc și se amestecă semințele de cânepă, untul de migdale, semințele de chia și vanilia. Gustați, adăugând sirop de arțar după cum doriți, pentru un terci mai dulce.

Serviți cu fructe de pădure și unt suplimentar de migdale, dacă doriți.

2. Budincă cremoasă de nucă de cocos cu ananas

Servici 2

2 cani de lapte de migdale neindulcit

$\frac{1}{4}$ cană semințe de chia

2 linguri de seminte de in macinate

1 lingura sirop de artar 100% (optional)

1 lingurita extract de vanilie

2 linguri nuca de cocos maruntita, neindulcita

2 cani de ananas feliat

1 curmale, tocata

Puneți laptele de migdale, semințele de chia, făina de in, siropul de arțar, dacă utilizați, și vanilia într-un borcan mare cu capac și agitați energic pentru a se combina. Se da la frigider pentru 20 de minute, apoi se scoate si se agita din nou. Pune din nou la frigider pentru cel puțin 30 de minute sau până peste noapte.

Când este gata de servire, împărțiți în două boluri, adăugați nuca de cocos și acoperiți cu ananas și curmal tocat.

3. Smoothie Superfood, cu Opțiune Bol

Portie 1

1 cană lapte de migdale

2 linguri seminte de canepa

½ cană frunze de spanac

Puține mici germeni de broccoli

1 kiwi, îndepărtat pielea

5 căpșuni medii

2 linguri de unt de arahide

½ banană congelată

1 până la 2 lingurițe 100% sirop de arțar (opțional)

Pune toate ingredientele într-un blender și pasează până devine omogen și cremos. În funcție de puterea blenderului, poate fi necesar să adăugați mai mult lichid.

Pentru a face un bol pentru smoothie, reduceți lichidul la jumătate (folosește ½ cană de lapte de migdale), apoi amestecați conform instrucțiunilor. Împărțiți conținutul în două boluri și stropiți cu unt de arahide și acoperiți cu mai multe fructe de pădure, dacă doriți. Ornați cu mai multe fructe proaspete, semințe, unt de nuci și Crispy Oat Granola.

4. Pâine prăjită de cartofi dulci cu fructe de pădure

Face 10 sau 11 felii

1 cartof dulce mare, spalat si uscat

2 linguri de unt de migdale

20 de afine

Preîncălziți cuptorul la 350°F. Așezați un grătar pe o foaie de copt mare cu ramă și puneți deoparte.

Tăiați ambele capete ale cartofului dulci cu un cuțit, apoi tăiați cartoful pe lungime în plăci de $\frac{1}{4}$ inch grosime folosind un cuțit sau mandolină.

Puneți plăcile pe grătar (sau direct pe foaia de copt) într-un singur strat și puneți-le în mijlocul cuptorului. Gătiți timp de 15 până la 20 de minute, până când cartofii sunt fragezi, dar nu sunt complet fierți, verificând la fiecare 5 minute pentru a vă asigura că nu se ard. Cartofii mai subțiri vor avea nevoie de mai puțin timp de gătire, iar cartofii mai groși vor avea nevoie de mai mult. Dacă nu folosiți un grătar, întoarceți cartofii la jumătate.

Scoateți din cuptor și lăsați să se răcească complet pe grătar, apoi transferați într-un recipient ermetic și păstrați la frigider până la 4 zile.

Când este gata de servire, puneți feliile de cartofi dulci (aproximativ 2 felii este o porție bună) într-un prăjitor de pâine sau un cuptor de pâine de pâine la o temperatură medie și prăjiți până când sunt fierbinți și marginile sunt crocante (timpul de gătire necesar va depinde de prăjitorul dvs.) . Se serveste cu unt de migdale si afine.

5. Granola crocantă de ovăz

Face 4$\frac{1}{4}$ cani

2 căni de ovăz rulat

1 cană nucă de cocos mărunțită, neîndulcită

1 cana nuci tocate

2 linguri de seminte de chia

2 linguri seminte de canepa

2 linguri de seminte de in macinate

1 lingurita scortisoara macinata

$\frac{3}{4}$ lingurita sare

2 linguri ulei de floarea soarelui organic

$\frac{1}{4}$ cană sirop de arțar 100%.

1 lingurita extract de vanilie

$\frac{1}{2}$ cană de afine uscate (opțional)

Preîncălziți cuptorul la 250°F. Tapetați o tavă de copt cu ramă cu pergament.

Într-un castron mare, combinați ovăzul, nuca de cocos, nucile, semințele de chia, semințele de cânepă, semințele de in, scorțișoara și sarea.

Într-o cratiță mică, la foc mediu, amestecați uleiul de floarea soarelui în siropul de arțar. Se lasa la fiert, apoi se ia de pe foc si se adauga vanilia.

Adăugați amestecul de sirop la ingredientele de ovăz și amestecați bine. Întindeți granola într-un singur strat pe foaia de copt pregătită. Coaceți timp de 90 de minute, amestecând la fiecare 15 minute, până se rumenesc.

Se răcește complet, apoi se amestecă merișoarele uscate, dacă se folosesc. Transferați într-un recipient ermetic și păstrați timp de câteva săptămâni la frigider sau la congelator până la 3 luni.

6. Boluri cu tofu amestecat

Servici 2

5 linguri bulion de legume

8 uncii de tofu ferm, scurs, presat și mărunțit sau tăiat cubulețe

1 ceapă, doar părți verzi, feliată

½ lingurita boia afumata

½ linguriță de turmeric măcinat

¼ linguriță de chimen măcinat

Sare și piper negru proaspăt măcinat

2 felii rămase de fructe de pădure bune de cartofi dulci pâine prăjită, tăiate cubulețe

2 cani de varza varza tocata marunt, tulpinile indepartate

Se încălzește o tigaie medie la foc mediu, se adaugă 2 linguri de bulion de legume și se încălzește până când strălucește. Adăugați tofu și gătiți până se încălzește, aproximativ 2 minute, apoi adăugați ceapa, boia de ardei, turmeric, chimen și un praf de sare. Reduceți focul la mic și gătiți până se încălzește, amestecând din când în când, încă aproximativ 5 minute.

Într-o tigaie separată, încălziți restul de 3 linguri de bulion la foc mediu. Adăugați cartofii dulci și gătiți, amestecând din când în când, până se încălzesc, aproximativ 5 minute. Adăugați varza kale și un praf de sare și piper și acoperiți. Se fierbe aproximativ 3 minute, până când verdeața se ofilește.

Împărțiți varza kale și cartofii dulci în două boluri, apoi acoperiți cu amestecul de tofu. Pentru o masă mai consistentă, adăugați o felie de pâine prăjită cu aluat, cu sau fără unt de arahide sau migdale.

7. Plăcintă cu dovleac pentru Smoothie pentru micul dejun

Servici 2

2 banane congelate

1 cană lapte de cocos conservat

1 cana lapte de migdale neindulcit

½ cană piure de dovleac

2 linguri sirop de artar

2 linguri seminte de canepa

1 lingurita de condiment pentru placinta cu dovleac

½ lingurita de scortisoara macinata

1½ cană de gheață

Puneți bananele, laptele de cocos, laptele de migdale, dovleacul, siropul de arțar, semințele de cânepă, condimentele pentru plăcintă de dovleac, scorțișoara și gheața într-un blender și amestecați până devin cremoase și foarte netede.

Pentru a-l transforma într-un bol pentru smoothie, reduceți lichidul la jumătate (folosește ½ cană de lapte de cocos și ½ cană de lapte de migdale), apoi amestecă conform instrucțiunilor. Împărțiți conținutul în două boluri și adăugați 1 lingură nuci pecan și 1 până la 2 linguri Crispy Oat Granola.

8. Ovăz simplu peste noapte

Servici 2

⅔cană de ovăz de modă veche

1 lingura de seminte de chia

1 lingura unt de migdale sau unt de arahide

½ lingurita de scortisoara macinata

1 cană de lapte fără lactate la alegere sau până la 1⅓cană de lapte pentru un fulgi de ovăz mai subțire

¾ cană de fructe la alegere

Sirop de arțar, dacă se dorește

Într-un borcan sau castron resigilat, combinați ovăzul, semințele de chia, untul de nuci și scorțișoara. Adăugați un strop de lapte și amestecați totul, amestecând cât mai mult posibil untul de nuci în ovăz. Adăugați restul de lapte și amestecați pentru a omogeniza.

Acoperiți vasul sau puneți capacul pe borcan și dați la frigider, până la 4 zile. Când este gata de servire, amestecați fructele și un strop de sirop de arțar, dacă doriți.

9. Clatite fara gluten

Face 6 clătite

1 lingura de seminte de in macinate

3 linguri de apa

1 cană de făină fără gluten

1 lingurita praf de copt

¼ lingurita de bicarbonat de sodiu

¼ lingurita sare

1 cana lapte de migdale neindulcit

1 lingurita otet de mere

1 lingură ulei de floarea soarelui organic, plus mai mult pentru ungerea tigaiei

1 lingura extract de vanilie

Se amestecă semințele de in și 3 linguri de apă și se lasă deoparte până se gelifică, aproximativ 5 minute.

Într-un castron mare, amestecați făina fără gluten, praful de copt, bicarbonatul de sodiu și sarea într-un castron mare. Pus deoparte.

Într-un castron mediu separat, adăugați laptele de migdale și oțetul. Apoi adăugați uleiul de floarea soarelui, vanilia și inul gelatinizat. Bateți pentru a se încorpora, apoi adăugați amestecul de lapte de migdale în amestecul de făină și amestecați bine până nu rămân cocoloașe.

Ungeți și încălziți o tigaie mare cu ulei de cocos sau spray de gătit la foc mediu-mare. Puneți aluatul în tigaia fierbinte, folosind o cană de măsurat de $\frac{1}{4}$ de cană. Așteptați să se formeze bule mari, apoi întoarceți și gătiți încă 60 de secunde, până când devin maro auriu pe ambele părți.

Serviți cu fructe de pădure și sirop de arțar, dacă doriți.

10. Puttanesca Tofu Scramble

Servici 2

1 lingură bulion de legume sau bulion Biome

1 lingura ulei de masline

1 ceapă verde (doar părți verzi), feliate subțire

1 rosie Roma, tocata

$\frac{1}{4}$ de linguriță fulgi de ardei roșu mărunțiți, plus mai mult după gust (opțional)

$\frac{1}{2}$ linguriță de cimbru uscat

$\frac{1}{2}$ linguriță de oregano uscat

8 uncii de tofu extra ferm, scurs și presat

$\frac{1}{4}$ linguriță de turmeric măcinat

Sare

1 lingura capere, scurse

$\frac{1}{4}$ cană măsline negre feliate

Piper negru proaspăt măcinat

Pătrunjel proaspăt, tocat, pentru servire

Într-o tigaie mare, la foc mediu, combinați bulionul de legume și uleiul de măsline. Adăugați ceapa, roșiile, fulgii de ardei roșu (dacă folosiți), cimbru și oregano. Se calesc aproximativ 5 minute, pana cand legumele se inmoaie.

Folosiți o spatulă pentru a muta legumele într-o parte a cratiței, apoi sfărâmă în tofu, rupând ușor tofu-ul în caș mici, astfel încât să semene cu ouă. Adăugați turmericul și un praf de sare, apoi gătiți timp de 2 până la 3 minute, amestecând des, până când tofu este încălzit.

Adăugați caperele și măslinele negre și amestecați. Adăugați sare, piper negru și fulgi de ardei roșu după gust. Acoperiți cu pătrunjel proaspăt. Se serveste ca atare sau cu aluat prajit.

11. Super Smoothie cu unt de arahide

Face 2 smoothie-uri

2 banane congelate

$\frac{1}{4}$ cană pudră de cacao

$\frac{1}{4}$ cană unt de arahide

2 linguri seminte de canepa

3 căni de lapte de migdale sau de soia

2 lingurite sirop de artar 100% sau 1 curmale

O mână de cuburi de gheață

Combinați bananele, pudra de cacao, untul de arahide, semințele de cânepă, laptele de migdale, siropul de arțar și o mână de cuburi de gheață într-un blender și faceți piure până devine cremoasă și netedă. Împărțiți în două pahare și serviți.

Pentru a-l transforma într-un bol pentru smoothie, reduceți laptele la $\frac{3}{4}$ de cană și acoperiți-l cu topper-urile preferate. Ne plac câteva felii suplimentare de banană, Granola noastră Crispy Oat și un strop de unt de arahide.

12. Tacos picante pentru mic dejun

Face 4 tacos

Salsa de rosii cherry

¼ cană de roșii cherry feliate

½ jalapeño, fără semințe și feliate

2 lingurițe ulei de măsline infuzat cu usturoi

1 cățel de usturoi, tocat

Suc de ½ lime (se păstrează cealaltă jumătate pentru servire)

Ciupiți de sare

Ciupiți piper negru proaspăt măcinat

Umplutură de taco picant cu tofu

½ cană fasole neagră

¾ lingurita boia afumata

¾ linguriță de chimen măcinat

2 lingurite de arpagic proaspat tocat

Tasă de piper cayenne (opțional)

¼ lingurita sare

¼ de lingurita piper negru proaspat macinat

1 lingurita ulei de masline

6 uncii de tofu ferm, scurs, clătit și presat

4 tortilla de porumb

$\frac{1}{4}$ cană coriandru proaspăt

$\frac{1}{4}$ de avocado, feliat

Preparați salsa: într-un castron mic, combinați roșiile cherry feliate, jalapeño, uleiul de măsline, usturoiul și sucul de lămâie cu un praf de sare și piper. Pus deoparte.

Pregătiți umplutura de taco: într-o cratiță mică, încălziți fasolea neagră împreună cu 2 linguri de apă, $\frac{1}{4}$ de linguriță de boia afumată, $\frac{1}{2}$ linguriță de chimen, 1 linguriță de arpagic și un praf mic de cayenne, dacă folosiți. Continuați să gătiți aproximativ 5 minute, până se încălzește. Zdrobiți ușor amestecul folosind dosul unei linguri, lăsând niște fasole neagră întregi. Pus deoparte.

Într-un castron mic, adăugați $\frac{1}{2}$ linguriță de boia de ardei, $\frac{1}{2}$ linguriță de chimen, 1 linguriță de arpagic, stropi de cayenne, dacă folosiți, sare și piper. Adăugați 2 linguri de apă și amestecați împreună. Pus deoparte.

Încinge uleiul într-o tigaie medie la foc mediu. Odată fierbinte, sfărâmă tofuul scurs în tigaie împreună cu sosul taco rezervat. Gatiti, amestecand ocazional, timp de 5 minute sau pana cand se incalzesc si condimentul este absorbit.

Pentru a servi, încălziți tortilla într-o tigaie curată și uscată până când sunt calde și flexibile. Acoperiți cu tofu, fasole neagră, coriandru, avocado, salsa de roșii cherry și un strop de suc proaspăt de lămâie. Serviți cald.

13. Făină de ovăz la cuptor cu banane

4 porții, cu resturi pentru mai târziu în cursul săptămânii

1 banană mare, feliată

1½ cani de ovaz de gatit rapid

2 linguri de seminte de in macinate

½ lingurita de scortisoara macinata

1 lingurita praf de copt

¼ lingurita sare

¾ cană lapte de migdale sau alt lapte fără lactate

⅓cană 100% sirop de arțar

2 linguri ulei de floarea soarelui organic

1 lingurita extract de vanilie

¼ cană nuci tocate sau altă nucă tocată

Preîncălziți cuptorul la 350°F. Pulverizați ușor o tavă de copt de 8 x 8 inci.

Așezați bananele feliate pe un singur rând pe fundul cratiței și puneți-le deoparte.

Într-un castron mediu, amestecați ovăzul, semințele de in, scorțișoara, praful de copt și sarea.

Într-un castron mediu separat, amestecați laptele de migdale, siropul de arțar, uleiul de floarea soarelui și vanilia. Adăugați la amestecul de ovăz și amestecați până se omogenizează. Amestecați nucile mărunțite și acoperiți ușor bananele tăiate în vasul de copt cu fulgi de ovăz. Se pune la cuptor și se coace timp de 30 de minute, sau până când se rumenesc și se întăresc.

14. Ovăz Chai cremos

Face 2 portii

1 pliculeț de ceai chai

$1\frac{1}{2}$ cani de lapte de migdale neindulcit

$\frac{1}{2}$ lingurita de scortisoara macinata

$\frac{1}{4}$ de linguriță cardamom măcinat

$\frac{1}{4}$ lingurita de nucsoara macinata

1 cană de ovăz de modă veche

1 lingurita de seminte de in macinate

1 lingurita de seminte de chia

1 lingura seminte de canepa

1 banană, piure

1 lingurita extract de vanilie

Ciupiți de sare

1 lingurita sirop de artar 100% (optional)

Într-o cratiță medie, puneți la fiert plicul de ceai chai, $\frac{1}{2}$ cană de apă, lapte de migdale, scorțișoară, cardamom și nucșoară la foc mediu. Reduceți focul la mic și fierbeți timp de 2 minute, amestecând din când în când.

Scoateți plicul de ceai și aduceți la fierbere la foc mediu-înalt. Se amestecă semințele de ovăz, in, chia și cânepă. Reduceți focul la mediu-mic și gătiți aproximativ 3 minute, până când ovăzul este gros.

Se amestecă piureul de banană și se gătește încă 1 minut. Se ia de pe foc, se adaugă vanilia și sarea, apoi se acoperă și se lasă să se termine gătitul timp de 5 minute. Se adaugă siropul de arțar, dacă se folosește, și se servește.

15. Frittata de bacon, spanac și cheddar

Face 4 portii

Timp de preparare: 10 minute

Timp de gătire: 40 până la 50 de minute

4 felii de bacon

4 linguri de unt sau ghee

$\frac{1}{4}$ cană ceapă tăiată cubulețe

8 cani de rucola sau spanac

$\frac{1}{2}$ linguriță sare de mare, împărțită

8 oua

4 linguri smântână groasă sau lapte de cocos plin de grăsime

1 lingură de oregano proaspăt tocat sau $1\frac{1}{2}$ linguriță de oregano uscat

$\frac{1}{2}$ cană brânză cheddar mărunțită (opțional)

1 avocado, tăiat în sferturi

Preîncălziți cuptorul la 350 ° F. Într-o tigaie mare la foc mediu, gătiți cele 4 bucăți de slănină până devin crocante, răsturnând la jumătate. Scoateți baconul din tigaie și lăsați să se răcească. Tăiați-o sau fărâmițați-o în bucăți mai mici.

Adăugați untul în tigaie cu unsoare de bacon. Adăugați ceapa și gătiți până devine translucid. Se amestecă spanacul și $\frac{1}{4}$ de linguriță de sare de mare și se fierbe până se ofilește.

Într-un castron mare, bateți ouăle împreună cu sarea de mare rămasă și smântâna sau laptele de cocos. Amestecați slănina, ceapa călită, spanacul, oregano și brânza.

Se toarnă într-o tigaie din fontă unsă, se pune la cuptor și se coace până când amestecul de ouă este fiert, aproximativ 35 până la 40 de minute. Serviți cu sferturi de avocado și sare de mare, după gust.

16. Omletă super proaspătă, avocado și mozzarella

Face 4 portii

Timp de preparare: 10 minute

Timp de gătire: 10 minute per omletă

8 oua, batute

½ cană smântână groasă

½ linguriță sare de mare

¼ lingurita de piper

¼ cană unt

2 avocado, feliate subțiri

¼ cană coriandru tocat

¼ cană pătrunjel tocat

¼ cană busuioc tocat

4 uncii de brânză mărunțită, Gouda sau mozzarella

Se amestecă ouăle cu smântână, sare și piper.

Încinge o tigaie medie la foc mediu-mare. Topiți $\frac{1}{4}$ din unt și înclinați tigaia pentru a acoperi fundul.

Se toarnă $\frac{1}{4}$ din amestecul de ouă.

Împingeți ușor porțiile fierte de la margini spre centru cu o spatulă, astfel încât ouăle nefierte să poată ajunge la suprafața fierbinte. Continuați să gătiți, înclinând tigaia și mișcând ușor porțiile fierte după cum este necesar.

Când suprafața superioară s-a îngroșat și nu mai rămâne un ou lichid vizibil, puneți $\frac{1}{4}$ din avocado, ierburi și brânză pe o parte a omletei; apoi îndoiți omleta în jumătate.

Cand branza s-a topit, se ia de pe foc si se pune omleta pe o farfurie. Stropiți cu puțină sare de mare după gust.

Repetați încă de trei ori până când sunt făcute toate omletele (sau lăsați amestecul rămas la frigider pentru a-l păstra pentru utilizare ulterioară).

MASA DE PRANZ

17. Salata zilnică

Servici 2

Salată

4 căni de verdeață cu frunze tocate

½ cană de sfeclă murată rapidă (urmează rețeta) sau cumpărată din magazin

½ cană de năut fiert

¼ cană semințe de floarea soarelui

Puține germeni de broccoli

1 morcov mediu, tocat

10 roșii cherry, feliate

Dressing de portocale fără ulei

¼ cană suc de portocale proaspăt stors

2 linguri otet de mere

2 linguri tahini

¼ linguriță sare, plus mai mult după gust

¼ de linguriță de piper negru proaspăt măcinat, plus mai mult după gust

Rădăcini prăjite supraalimentate (opțional; urmează rețeta), pentru servire

Pregătiți salata: într-un castron mare, amestecați verdețurile, sfecla murată, năut, semințele de floarea soarelui, varza, morcovi, roșii și orice alte toppinguri Supercharge, dacă folosiți. Pus deoparte.

Pregătiți dressingul: amestecați sucul de portocale, oțetul, tahini, sarea și piperul într-un castron mic sau într-un borcan de zidărie până la omogenizare. Începând cu câte 1 lingură, amestecați apă până când obțineți consistența dorită (sosul trebuie să fie turnabil, dar să nu curgă). Adăugați sare și piper, după dorință. Dacă este folosit mai târziu, dressingul se va păstra la frigider până la 5 zile.

Când este gata de servire, stropiți fiecare salată cu $\frac{1}{4}$ de cană de dressing, amestecați bine și adăugați sare și piper după gust.

18. Sfeclă murată rapidă

2 căni de sfeclă aburită, tăiată felii

$\frac{1}{4}$ cană plus 2 linguri de oțet de vin roșu

1 lingura sirop de artar 100%.

1 lingură condiment pentru murătură (vezi nota)

Puneți sfecla fiartă, oțetul, siropul de arțar și condimentul murat într-o cratiță mică și aduceți la fierbere la foc mare. Reduceți focul la fiert, acoperiți și lăsați să fiarbă 3 minute. Se ia de pe foc si se lasa sa stea 30 de minute.

Dați sfecla la frigider până la 1 săptămână la frigider.

Notă: Dacă nu aveți condiment pentru murături, puteți folosi în schimb un praf de semințe de muștar, 2 sau 3 cuișoare întregi și un praf de boabe de piper întregi.

19. Rădăcini prăjite supraalimentate

Porti 4

2 căni de cartofi dulci tăiați cuburi

2 pastarnac, tocat

6 ridichi mari, tocate

1 lingură ulei de măsline, sau ulei de măsline infuzat cu usturoi

2 linguri bulion de legume

$\frac{1}{2}$ lingurita sare

$\frac{1}{2}$ linguriță de piper proaspăt măcinat

Preîncălziți cuptorul la 425°F.

Se amestecă cartofii dulci, păstârnacul, ridichile, uleiul de măsline, bulionul, sarea și piperul împreună într-un castron mare până se combină bine. Puneți pe o tavă de copt cu ramă într-un singur strat (poate fi necesar să folosiți două, în funcție de dimensiune) și acoperiți cu folie.

Se prăjește timp de 35 de minute sau până când se înmoaie. Scoateți din cuptor, îndepărtați folia și amestecați. Reveniți la cuptor pentru încă 10 minute sau până când marginile devin ușor crocante.

20. Super Supa Wild Biome

Face 2 portii

1 lingurita ulei de masline

2 morcovi, tocați

1 tulpina de telina, tocata

2 linguri de arpagic proaspăt, tocat

¼ linguriță sare, plus mai mult după gust

⅛ linguriță de piper negru proaspăt măcinat, plus mai mult după gust

2½ căni de bulion Biome

⅓cană de orez sălbatic

½ cană de năut

1 cană de varză, tulpinile îndepărtate și tocate grosier

Într-o cratiță medie, încălziți uleiul de măsline la foc mediu-mare. Adăugați morcovii, țelina, arpagicul, sare și piper. Fierbeți timp de 3 până la 5 minute, până când legumele sunt crocante și fragede.

Adăugați bulionul, orezul și $\frac{1}{2}$ cană de apă. Aduceți amestecul la fierbere, apoi acoperiți și reduceți focul la mic. Se fierbe aproximativ 40 de minute, până când orezul se înmoaie.

Amestecați năutul și varza și gătiți până când varza este ofilită, aproximativ 5 minute. Se adauga sare si piper dupa gust.

Sfat de ambalare:

Ambalați într-un termos pentru a vă bucura de căldură la serviciu sau puneți-l într-un recipient etanș și încălzit chiar înainte de servire. Ne plac borcanele Bklyn Bento, care vin cu o lingura de bambus, sau termosurile din otel inoxidabil Lillie Home.

21. Sandwich Muhammara

Face 1 sandviș

Restul Muhammara Dip

Restul de amestec italian prăjit

Pâine cu maia

Frunze proaspete de spanac

Imediat înainte de servire, prăjiți pâinea și încălziți dip-ul și legumele. Întindeți dip-ul Muhammara pe ambele bucăți de pâine, apoi stratificați cu legume și frunze de spanac. Mănâncă ca un sandviș cu fața deschisă sau asamblați, feliați și bucurați-vă.

22. Salată de varză murdară și murdară

Servici 2

1 cană grămadă de kale (dinozaurul este cel mai bine), tulpinile dure îndepărtate și tocate

3 lingurițe de tamari cu conținut scăzut de sodiu

1 cană grămadă de spanac

2 linguri de arpagic

¼ lingurita sare

⅛ linguriță de piper negru proaspăt măcinat

¼ de avocado, piure

2 linguri de unt de migdale

½ tulpină de țelină, tocată

2 linguri de nuci, tocate grosier (optional)

¼ cană de ceață tocată (numai părți verzi) (opțional)

Într-un castron mediu, stropiți varza cu 1 linguriță de tamari și masați cu mâinile pentru a se înmoaie și a descompune varza. Adăugați spanacul, arpagicul, sare și piper și mai amestecați o dată.

Într-un castron mic separat, zdrobiți avocado cu untul de migdale și amestecați restul de 2 lingurițe de tamari pentru a dilua.

Turnați amestecul de avocado peste varză și amestecați bine cu mâinile sau cu cleşte, masând pentru a acoperi fiecare bucată.

Adăugați țelina, nucile și ceai și serviți.

Sugestii alternative FODMAP:

Dacă puteți tolera o porție mai mare de $\frac{1}{2}$ cană, creșteți porția de kale, deoarece această rețetă face mult dressing!

23. Supă curry de linte roșie

4 porții, cu resturi pentru mai târziu în cursul săptămânii

1 lingura ulei de masline infuzat cu usturoi

$\frac{1}{4}$ cana ceapa tocata marunt

1 tulpina de telina, tocata

3 morcovi mari, tocati

1 cartof mare de copt, tocat

1 lingurita chimen macinat

1 lingurita turmeric macinat

1 lingurita boia afumata

$\frac{1}{2}$ linguriță de ghimbir măcinat

$\frac{1}{2}$ linguriță pudră de curry

$\frac{1}{2}$ linguriță sare, plus mai mult după gust

$\frac{1}{2}$ linguriță piper negru proaspăt măcinat, plus mai mult după gust

4 căni bulion de legume sau bulion Biome

$1\frac{1}{4}$ cani de linte rosie

O cutie de 28 uncii de roșii tăiate cubulețe, scurse

$\frac{1}{2}$ cană pătrunjel proaspăt tocat sau coriandru proaspăt

1 lingura suc de lamaie proaspat stors

Încinge uleiul de măsline într-o cratiță mare la foc mediu. Adăugați ceapa și lăsați să fiarbă până se înmoaie, 5 până la 7 minute.

Adăugați țelina, morcovii și cartofii. Gatiti pana se moale si se rumenesc usor, inca 10 minute. Adăugați chimenul, turmericul, boia de ardei, ghimbirul, pudra de curry, sare și piper, apoi amestecați până când se simte parfumat, 30 până la 60 de secunde.

Adăugați bulionul, lintea și roșiile și aduceți la fiert. Acoperiți și gătiți timp de 20 de minute sau până când lintea este fragedă. Se ia de pe foc, se lasa putin sa se raceasca, apoi se face piure jumatate din supa fie folosind un blender, fie un blender de imersie. Adăugați supa piure înapoi în oală, apoi amestecați ierburile și sucul de lămâie. Se adauga sare si piper dupa gust.

24. Salată de citrice și mentă

Servici 2

2 portocale mari, curatate de coaja, indepartate de miezul si segmentate

1 grapefruit mare, decojit, îndepărtat mușchiul și segmentat* galben deschis, fructan pentru ½ cană porție

Zest și suc de 1 lime

1 lingurita sirop de artar 100%.

1 lingura menta proaspata tocata

Amestecați portocalele segmentate și grapefruitul cu coaja de lime, sucul și siropul de arțar. Împărțiți în două farfurii și stropiți cu menta proaspătă.

25. Dovleac și Quinoa Chili

Face 2 portii

$1\frac{1}{4}$ cani de bulion Biome

⅔cană de dovleac decojit și tăiat cubulețe

$\frac{1}{4}$ cană de ceai tăiat felii, numai părți verzi

$\frac{1}{4}$ ardei gras verde mediu, taiat cubulete

$\frac{1}{4}$ ardei gras roșu mediu, tăiat cubulețe

$\frac{1}{2}$ jalapeño, semințele și coastele îndepărtate, tăiate mărunt

1 cană (8 uncii) conserve de roșii tăiate cubulețe

1 morcov mare, tăiat cubulețe

$\frac{1}{2}$ dovlecel mediu, tăiat cubulețe

$1\frac{1}{2}$ linguriță boia afumată

1 lingurita chimen macinat

Sare și piper negru proaspăt măcinat

1 cană quinoa fiartă

Se încălzește 1 lingură de bulion într-o cratiță mare la foc mediu. Adăugați dovleceii și gătiți, amestecând des și adăugând mai mult bulion după cum este necesar pentru a preveni lipirea dovleacului, până când se înmoaie, amestecând des, 5 până la 8 minute.

Adaugati ceapa, ardeiul gras si jalapeño si gatiti, amestecand ocazional, inca 5 minute. Adăugați încă o lingură de bulion pentru a nu se lipi, dacă este necesar.

Adăugați roșiile tăiate cubulețe, morcovul, dovlecelul, boia de ardei, chimenul și bulionul rămas.

Aduceți amestecul la fierbere, apoi acoperiți și reduceți focul la mic și fierbeți timp de 15 minute, până când legumele sunt moi.

Gustați și ajustați condimentele după cum este necesar, adăugând sare și piper după gust. Adăugați quinoa fiartă și lăsați să fiarbă încă aproximativ 5 minute. Servi.

26. Salată de floarea soarelui fără ton

Face 4 porții, cu suficient pentru resturile mai târziu în cursul săptămânii

1 cană semințe de floarea soarelui

Suc de la 2 lămâi mari

1 lingură muștar de Dijon

½ cană pătrunjel proaspăt tocat gros, fără tulpinile îndepărtate

½ cană de arpagic proaspăt tocat grosier

¼ lingurita boia afumata

2 tulpini de telina, tocate

4 ceai, doar părți verzi, tocate

½ lingurita sare

Ciupiți piper negru proaspăt măcinat

8 felii de pâine cu aluat, pentru servire

Salată verde, pentru servire

Roșii tăiate, pentru servire

Puneți semințele de floarea soarelui într-un recipient sigilabil și acoperiți cu apă. Înmuiați la temperatura camerei timp de cel puțin 24 de ore. Ar trebui să își dubleze dimensiunea. Când este gata de utilizare, scurgeți apa de pe semințe, adăugați apă proaspătă pentru a acoperi, apoi scurgeți din nou.

Pune $\frac{1}{2}$ cană de semințe de floarea soarelui în baza unui robot de bucătărie împreună cu sucul de lămâie și muștar. Pulsați de 10 ori, până se toacă mărunt.

Adăugați $\frac{1}{2}$ cană rămasă de semințe de floarea soarelui, pătrunjelul, arpagicul, boia de ardei, țelina, ceapa verde, sare și piper negru. Pulsați într-un robot de bucătărie până când textura este asemănătoare cu salata tradițională de ton, de încă 10 ori.

Serviți pe pâine prăjită, cu verdeață de salată și roșii feliate.

27. Pachete de guler colorate

Face 4 împachetări de guleră

6 uncii de tofu ferm sau extra ferm, scurs și presat

1 lingura tamari

1 lingurita ulei de masline infuzat cu usturoi

4 frunze de guliză

½ cană hummus de dovleac

½ cană fâșii de ardei gras roșu sau galben

½ cană de varză roșie feliată subțire

1 morcov, tăiat în fâșii scurte și subțiri

½ cană de castraveți feliați (fâșii scurte, subțiri)

½ avocado

2 linguri seminte de canepa

Preîncălziți cuptorul la 400°F. Tapetați o tavă mare cu ramă de copt cu hârtie de copt (sau stropiți ușor cu ulei de gătit) și lăsați deoparte.

Tăiați tofu în dreptunghiuri sau fâșii, apoi amestecați cu tamari și ulei de măsline. Așezați tofu pe foaia de copt pregătită și coaceți timp de 30 de minute, răsturnând la jumătate. Scoateți din cuptor și lăsați deoparte.

Spălați și uscați frunzele de guză, apoi folosiți un cuțit mic pentru a rade tulpina, astfel încât să fie mai ușor de rulat.

Așezați frunzele de guză pe o suprafață plană și întindeți 2 linguri de hummus pe fiecare frunză lângă vârful/mijlocul frunzei.

Împărțiți ardeiul, varza, morcovul, castravetele și avocado între cele 4 frunze, apoi stropiți cu semințele de cânepă.

Înfășurați ca un burrito, apoi tăiați în jumătate și serviți.

28. Salată mediteraneană de cereale

Face 6 cani

Salată mediteraneană de cereale

1 cană farro nefiert

1 cană de năut

1 roșie mare, tăiată cubulețe

1 ardei gras rosu mediu, tocat

1 ardei gras galben mediu, tocat

½ cană de castraveți fără semințe și mărunțiți

¼ cană măsline kalamata feliate

¼ cană pătrunjel proaspăt tocat

Sos de Lămâie Zesty

1 lingurita coaja de lamaie proaspat rasa

¼ cană suc de lămâie proaspăt stors

1 catel mediu de usturoi, tocat

1 lingurita mustar de Dijon

Sare și piper negru proaspăt măcinat

3 linguri ulei de masline

Faceți salata de cereale: aduceți 3 căni de apă la fiert într-o cratiță medie la foc mediu-înalt și adăugați farro. Acoperiți, reduceți focul la mediu-mic și fierbeți timp de 25 până la 30 de minute, până când farro este fraged. Scurgeți și clătiți sub apă rece și lăsați deoparte.

Combinați farro-ul fiert, năutul, roșia, ardeiul gras roșu și galben, castraveții, măslinele și pătrunjelul într-un castron mare și amestecați împreună. Pus deoparte.

Pregătiți dressingul: într-un castron mic separat, amestecați coaja de lămâie, sucul de lămâie, usturoiul, Dijon și un praf generos de sare și piper până se combină bine, apoi stropiți încet uleiul de măsline.

Asamblați: amestecați dressingul cu salata de cereale până când se combină bine, adăugând mai multă sare și piper după cum doriți. Păstrați la frigider. Resturile se vor păstra 2-3 zile la frigider.

Opțiuni cu FODMAP scăzut:

Farro este bogat în fructani. Meiul, quinoa și orezul brun sunt opțiuni mai scăzute de FODMAP.

Nautul are GOS moderat. Reduceți la ½ cană.

Usturoiul este bogat în fructani. Omiteți și folosiți în schimb 1 linguriță de ulei de măsline infuzat cu usturoi.

29. Bol pentru prepararea mesei cu tăiței de susan

Face 4 boluri

Dressing de susan

¼ cană pastă de tahini

2 linguri de apă caldă

1 lingura tamari

2 lingurite ulei de susan prajit

Suc de 1 lime

½ lingurita de usturoi tocat

½ linguriță sirop de arțar 100%.

¼ linguriță fulgi de ardei roșu mărunțiți (opțional)

Boluri cu tăiței cu susan

8 uncii tăiței soba

2 căni de edamame decojite congelate, dezghețate

2 morcovi medii, feliați foarte subțiri

2 căni de castraveți tăiați cubulețe

1 reteta Crispy Baked Tofu

2 linguri de seminte de susan, pentru servire

2 linguri de seminte de canepa, pentru servire

Pregătiți dressingul: amestecați împreună tahini, apa, tamari, ulei de susan, sucul de lămâie, usturoiul, siropul de arțar și fulgii de ardei roșu până la omogenizare. Pus deoparte.

Gătiți tăițeii soba conform instrucțiunilor de pe ambalaj, apoi scurgeți și clătiți sub apă rece pentru a opri procesul de gătire. Reveniți în tigaia în care au fost gătite și amestecați cu jumătate din sosul de susan preparat.

Împărțiți tăițeii în patru recipiente resigilate, apoi acoperiți cu edamame, morcovi, castraveți și tofu. Stropiți cu sosul rămas, semințele de susan și semințele de cânepă. Se serveste rece.

30. Tofu crocant la cuptor

Porti 4

14 uncii de tofu ferm sau super ferm

Spray de gatit cu ulei de masline

Scoateți tofu-ul din ambalaj și înfășurați-l într-un prosop curat sau un prosop de hârtie. Așezați-l pe o farfurie, apoi puneți o altă farfurie deasupra. Puneți câteva articole grele, cum ar fi conserve sau cărți de bucate deasupra tofu. Lăsați să stea timp de 30 de minute sau până când cea mai mare parte a apei s-a scurs pe prosop.

Preîncălziți cuptorul la 400°F.

Odată ce tofu este scurs, puneți-l pe o masă de tăiat și tăiați-l în forma dorită. Pentru Săptămâna 3 a planului Fibre Fueled, dreptunghiurile și pătratele funcționează bine. Pulverizați ușor o foaie de copt cu ulei de măsline și puneți tofu pe ea într-un singur strat, apoi stropiți cu mai mult ulei de măsline pentru a vă asigura că tofu este bine acoperit.

Coaceți timp de 15 minute. Scoateți din cuptor și răsturnați. Reveniți la cuptor și coaceți încă 15 minute, sau până când tofu-ul devine maro auriu. Utilizați în rețete pe tot parcursul săptămânii, după cum este necesar. Păstrați într-un recipient sigilat la frigider.

31. Bol pentru Buddha nutritiv

Portie 1

Dressing Tahini

¼ cană tahini

2 linguri suc de lamaie proaspat stors

1 cățel de usturoi, tocat

1 lingura ulei de masline

½ lingurita sare

Castron

½ cană de năut (sau altă fasole/linte fiartă la alegere)

2 până la 3 căni de verdeață de salată

½ cană boabe fierte

½ cană rămase de legume prăjite (urmează rețeta) sau alte legume tocate

Pregătiți dressingul: amestecați împreună tahini, ⅓cană de apă, sucul de lămâie, usturoiul și uleiul de măsline. Se condimentează după gust cu sare, după dorință. Pus deoparte.

Asamblați: Puneți năutul, verdeața de salată, cerealele fierte și alte legume într-un castron mare și stropiți cu ¼ de cană de dressing tahini pe bol.

Opțiuni cu FODMAP scăzut:

Tahini este bogat în fructani. Reduceți la 1 lingură, apoi creșteți uleiul de măsline cu 2 linguri și reduceți apa la jumătate.

Usturoiul este bogat în FODMAP. Omiteți și utilizați ulei de măsline infuzat cu usturoi în locul uleiului de măsline obișnuit.

Nautul are GOS moderat. Limitați-vă la ¼ de cană sau folosiți ½ cană de linte conservată.

Meiul, quinoa, orezul brun și orezul alb sunt cereale cu conținut scăzut de FODMAP.

32. Legume prăjite

Servici 2

1 cană sparanghel tocat, cu capetele lemnoase îndepărtate

1 ardei gras verde, tocat

1 cana buchetele de broccoli, tocate

2 lingurite ulei de masline

Ciupiți de sare

Ciupiți piper negru proaspăt măcinat

Preîncălziți cuptorul la 400°F.

Se amestecă sparanghelul, ardeiul gras și broccoli cu uleiul de măsline, sare și piper până se îmbracă bine. Așezați într-un singur strat pe o tavă de copt cu ramă. Gatiti 20-25 de minute, pana se inmoaie.

33. Supă miso supraalimentată

Servici 2

2 uncii tăiței soba

2 căni de bulion Biome

1 lingura alge wakame

¼ cană pastă albă miso

½ cană de spanac baby tocat

½ cană de ceață tocată

¼ cană tofu ferm, scurs și tăiat cuburi

¼ de cană de ciuperci shiitake rehidratate

Aduceți o oală medie cu apă la fiert la foc mediu-mare. Gătiți tăițeii soba conform instrucțiunilor de pe ambalaj, apoi scurgeți și clătiți cu apă rece pentru a opri gătirea. Pus deoparte.

În aceeași oală, aduceți 2 căni de apă rece și bulionul la fiert la foc mediu-mare. Adăugați wakame, reduceți focul și fierbeți la foc mic timp de aproximativ 5 minute.

Într-un castron mic, combinați miso-ul cu 1 până la 2 lingurițe de apă caldă pentru a se dilua până la consistența unui sos gros, cremos. Pus deoparte.

Adăugați pui de spanac, ceai verde, tofu și ciuperci shiitake în bulion. Se aduce la fierbere la foc mediu-mare, apoi se acoperă, se reduce focul la mic și se fierbe timp de 5 minute.

Luați de pe foc și adăugați pasta de miso și tăițeii soba gătiți. Servi.

34. Nimic Pește Sushi Wraps

4 porții, cu resturi pentru bolurile de sushi Nothing Fishy

Sriracha Mayo

½ cană de caju crude, înmuiate în 1 cană de apă clocotită timp de 10 minute și scurse

1 lingura suc de lamaie proaspat stors

1 lingură sriracha

2 lingurite sirop de artar 100%.

2 lingurite tamari

½ lingurita sare

1½ cani de orez alb (orezul cu bob scurt se va lipi mai usor, dar orice orez va functiona)

2 lingurite tamari

6 foi de nori prăjite, tăiate în sferturi

1 castravete, curatat de coaja si taiat fasii

1 mango mare copt, decojit și tăiat felii

8 uncii de tofu copt, aroma teriyaki, feliat

1 avocado mare, fără sâmburi și feliat subțire

Seminte de susan, pentru topping

Pregătiți maiaua: adăugați caju la baza unui blender cu $\frac{1}{4}$ de cană de apă rece, sucul de lămâie, sriracha, sirop de arțar, tamari și sare. Se amestecă până când este foarte cremoasă și netedă, răzuind părțile laterale după cum este necesar.

Asamblați împachetările: aduceți 3 căni de apă la fiert la foc mediu-mare într-o oală mare și adăugați orezul. Reduceți focul la mic, acoperiți și gătiți timp de 15 până la 20 de minute, până când orezul este fraged (ar putea fi necesar să adăugați câteva minute de timp de gătit dacă utilizați orez brun). Se amestecă orezul cald cu oțetul și tamari. Dacă folosiți orez fiert rămas, adăugați puțină apă caldă, astfel încât orezul să se lipească ușor.

Presă împreună o mână mică de orez cald pentru a face o minge, apoi presează deasupra unei foaie sferturi de nori prăjit. Acoperiți cu castraveți, mango, tofu și avocado.

Se stropesc cu maiaua si se presara cu seminte de susan. Îndoiți împachetările și bucurați-vă, scufundându-vă în maia mai picantă, după cum doriți!

Pentru a face boluri, amestecați toate ingredientele rămase împreună.

35. Bulion de oase ușor de fiert

Face 16 portii

Timp de preparare: 10 minute

Timp de gătire: 8 ore

Oasele de la 1 pui organic mic sau puiul întreg sau 2 kg de oase de vită

2 morcovi, tocați grosier

2 tulpini de telina, tocate grosier

1 ceapa mica, tocata grosier (se poate lasa fara coaja)

2 catei de usturoi (se pot lasa intregi si nedecojiti)

1 lingura otet de mere crud

1 lingura sare de mare (sau mai mult dupa gust)

Puneți oasele sau puiul într-un aragaz mare (6 litri) lent.* Adăugați morcovi, țelină, ceapă, usturoi și oțet. Umpleți aragazul lent cu suficientă apă pentru a acoperi puiul și legumele, lăsând 1 până la 2 inci spațiu în partea de sus, astfel încât bulionul să nu se reverse.

Gatiti la foc mic pe tot parcursul zilei timp de aproximativ 8 ore. Se amestecă cu sare de mare, se gustă și se mai adaugă după gust.

Opriți focul și când se răcește suficient, strecurați bulionul și păstrați-l la frigider sau congelator.

36. Salată cu ouă de diavol

Face 4 portii

Timp de preparare: 15 minute

Ouă umplute

4 oua, fierte tari

⅓cană de maia cu avocado

2 linguri muraturi tocate

Boia de ardei, pentru garnitură

4 cani de rucola sau spanac

½ linguriță sare de mare (sau mai multă după gust), împărțită

Câteva crenguțe de mărar sau arpagic, tocate mărunt, pentru ornat

½ castravete mare, feliat

⅓cană de roșii cherry, tăiate la jumătate

1 avocado, feliat

Ulei de masline (dupa gust)

Tăiați cu grijă fiecare ou în jumătate pe lungime și îndepărtați gălbenușul. Puneți gălbenușurile într-un bol și amestecați cu Avocado Mayo.

Turnați jumătate din amestec înapoi în fiecare jumătate de ou și acoperiți cu murături, o stropire de boia de ardei, $\frac{1}{4}$ de linguriță de sare de mare per ou și arpagic proaspăt. Se amestecă verdeața, castraveții și roșiile cu ulei de măsline.

Puneți 1 cană de amestec de verdeață pe fiecare farfurie și acoperiți cu 2 jumătăți de ouă.

Presărați o cantitate generoasă de sare de mare peste ouă și salată.

Puneți $\frac{1}{4}$ din avocado feliat în jurul fiecărei salate.

37. salata Cobb

Face 4 portii

Timp de preparare: 10 minute

1 cap de salata romana, tocata grosier

8 felii de bacon, fierte

4 oua fierte tari si tocate

$\frac{1}{4}$ cană semințe de floarea soarelui

2 căni de varză mărunțită

1 cana patrunjel tocat

1 cană germeni de broccoli

$\frac{1}{4}$ cană plus 2 linguri ulei de măsline sau ulei de avocado

2 linguri suc de lamaie

1 lingurita otet de mere crud

$\frac{1}{2}$ linguriță sare de mare

Piper dupa gust

1 avocado, tăiat în sferturi

Puneți salata verde, baconul, ouăle, semințele de floarea soarelui, varza, pătrunjelul și mugurii de broccoli într-un castron mare.

Stropiți cu ulei de măsline, suc de lămâie și oțet. Adăugați sare și piper. Se amestecă pentru a se combina și se completează cu avocado. Se serveste rece cu inca o stropire de sare de mare dupa gust.

38. Anghinare și verdeață cu carne de vită hrănită cu iarbă

Face 4 portii

Timp de preparare: 10 minute

1 lingura ulei de avocado

8 uncii carne de vită măcinată hrănită cu iarbă

8 căni de verdeață amestecată

2 cani de patrunjel tocat

10 inimioare de anghinare (conserve sau gătite din congelat)

½ cană semințe de dovleac

¼ cană germeni de broccoli

¼ cană ulei de măsline

1 lingurita suc de lamaie

2 lingurite otet de mere crud

½ linguriță sare de mare

Piper dupa gust

1 avocado, feliat

2 linguri de ulei de măsline, plus mai mult pentru a picura înainte de servire

Încinge o tigaie la foc mediu. Adăugați 1 lingură ulei de avocado și carnea de vită. Rupeți carnea de vită și amestecați din când în când până când este fiert.

În timp ce carnea de vită se gătește, pune într-un castron de mărime medie verdeață amestecată, pătrunjel, inimi de anghinare, semințe de dovleac și germeni de broccoli.

Se amestecă cu ulei de măsline, suc de lămâie, oțet, sare și piper.

Acoperiți cu carne de vită, avocado și ulei de măsline suplimentar și stropiți cu puțină sare de mare și suc de lămâie, dacă doriți. Serviți imediat.

39. Cuscus de conopida cu nuca

Face 4 portii

Timp de preparare: 5 minute

Timp de gătire: 10 minute

¼ cană ghee sau unt

4 cesti de conopida orez ambalata (congelata sau proaspata)

½ linguriță de semințe de chimen

½ cană bulion mineral

¼ cana migdale, tocate marunt

1 cana coriandru tocat

1 cana patrunjel tocat

½ linguriță sare de mare

Piper dupa gust

½ cană nuci

1 cană de varză murată

Încinge ghee într-o tigaie medie la foc mediu-înalt.

Adăugați conopida și semințele de chimen și amestecați până devin parfumate și încep să se rumenească (aproximativ 2 minute). Notă: Dacă folosiți orez conopidă congelat, gătiți orezul la foc mediu aproximativ 3 până la 5 minute și apoi adăugați semințele de chimen.

Adăugați bulionul cu grijă (se va stropi și se va stropi) și aduceți la fierbere. Reduceți focul, acoperiți și fierbeți până când conopida este fragedă (aproximativ 5 minute).

Se ia de pe foc si se lasa sa se raceasca cateva minute; apoi pufează cu o furculiță.

Amestecați migdalele, coriandru, pătrunjel, sare și piper și acoperiți cu nuci.

Serviți cu o parte de varză murată și un plus de sare de mare, după gust.

40. Salată de ierburi proaspete cu somon sălbatic

Face 4 portii

Timp de preparare: 10 minute

8 căni de verdeață amestecată

2 căni de varză mărunțită

$\frac{1}{4}$ cană mărar tocat

$\frac{1}{4}$ cană busuioc tocat

$\frac{1}{4}$ cană coriandru tocat

4 uncii de brânză feta, cuburi (opțional)

⅓cană ulei de măsline

4 lingurite suc de lamaie

$\frac{1}{2}$ linguriță sare de mare

Piper dupa gust

2 conserve de somon salbatic in ulei de masline

1 cană de varză murată

Amestecați salata verde, varza, mărarul, busuiocul, coriandru și feta (dacă este folosit) într-un castron.

Se amestecă cu ulei, suc de lămâie, sare și piper.

Acoperiți cu somon sălbatic, presărați puțină sare de mare peste pește și serviți cu o gură de varză murată.

41. Salata caesar de somon

Face 4 portii

Îmbrăcarea

Face aproximativ 1¼ cană

2 galbenusuri de ou

½ linguriță sare de mare

Strop de piper

6 catei de usturoi, tocati

4 file de hamsii

4 lingurițe muștar de Dijon

¼ cană suc de lămâie

2 linguri iaurt grecesc plin de grăsime

1 cană ulei de avocado

Salată

2 linguri ulei de avocado

Patru file de somon sălbatic din Alaska de 4 uncii

½ linguriță sare de mare, împărțită

2 capete salata romana, tocata grosier

4 căni de spanac

$\frac{1}{2}$ cană germeni de broccoli

$\frac{1}{4}$ cană parmezan mărunțit

Preparați dressingul: adăugați gălbenușurile de ou, sare, piper, usturoi și hamsii într-un blender. Se amestecă până se combină, aproximativ 15 secunde. Adăugați muștar, sucul de lămâie și iaurt și amestecați din nou. Cu blenderul încă în funcțiune, scoateți cu grijă blatul blenderului și turnați încet uleiul până când dressingul se emulsionează. Pus deoparte.

Gătiți peștele: Încingeți o tigaie mare și grea (fontă dacă aveți) la foc mediu și apoi adăugați uleiul. Puneți fileurile de somon cu pielea în jos în tigaie și creșteți căldura la mare. Gatiti 3 minute, presarati cu sare si intoarceti somonul. Gatiti 5 minute sau pana se rumenesc. Nu găti prea mult; somonul este gata când se fulge ușor cu o furculiță. Se scot din tigaie, se mai presara putina sare si se lasa deoparte.

Puneți salata verde, spanacul și mugurii de broccoli într-un castron mediu. Puneți $\frac{1}{4}$ de cană sau mai mult din dressing pe salată și amestecați pentru a se combina. Adăugați parmezanul și acoperiți salata cu somonul prăjit.

MASA DE SEARA

42. Mamăliga Ragu alimentată de plante

Servici 2

Ragu rapid

2 lingurițe ulei de măsline, ulei de măsline infuzat cu usturoi sau bulion de legume

1 cana rosii tocate

Sare și piper negru proaspăt măcinat

1 cană de linte conservată

2 căni de amestec italian prăjit

½ linguriță de oregano uscat, plus mai mult după gust

½ linguriță busuioc uscat, plus mai mult după gust

Fulgi de ardei roșu mărunțiți (opțional)

Mămăligă

1½ cani de lapte de migdale simplu

½ cană făină de porumb

½ lingurita sare

Piper negru proaspăt măcinat

Pătrunjel tocat, pentru servire

Busuioc proaspat tocat, pentru servire

Faceți ragu: Încinge o cratiță medie la foc mediu și adaugă uleiul de măsline. Adăugați roșiile și un praf de sare și piper negru. Gatiti, amestecand des, aproximativ 10 minute, pana cand rosiile s-au rupt. Adăugați lintea, amestecul italian prăjit, oregano, busuioc și fulgi de ardei roșu, dacă folosiți. Gatiti, amestecand ocazional, timp de 10 minute sau pana se ingroasa. Gustați pe măsură ce mergeți și adăugați mai multă sare, piper și ierburi uscate, după cum doriți.

Pregătiți mămăliga: amestecați ½ cană de apă și laptele de migdale într-o cratiță medie la foc mediu. Când bulele încep să iasă la suprafață, adăugați făina de porumb și sarea. Reduceți focul la fiert și fierbeți timp de 10 până la 15 minute, până se îngroașă. Gustați pe măsură ce mergeți și adăugați mai multă sare și piper după gust.

Pentru a servi, împărțiți mămăliga în două boluri și acoperiți cu ragu. Se orneaza cu patrunjel proaspat tocat si busuioc.

43. Tacos Tempeh și Salată de Taco

Porti 4

Umplutură Tempeh Taco

1 lingura ulei de masline

8 uncii tempeh, tocat fin

1 lingură pudră de chili

2 lingurite boia afumata

½ lingurita sare

¼ lingurita de piper cayenne macinat

1 cana linte conservata, scursa

Sos cremos de coriandru

1 jalapeño, tocat grosier

½ buchet coriandru

¼ cană de migdale tăiate

Zest și suc de 1 lime

1 lingurita sare

Pentru Tacos

4 tortilla de porumb

Salată verde mărunțită, măsline negre, roșii tocate, ceapă și coriandru, pentru servire

Pentru Salată

4 căni de salată verde mărunțită

½ ceasca rosii tocate

⅓cană măsline negre feliate

2 cepți tăiați felii (numai părți verzi)

⅓cană coriandru tocat

Faceți umplutura de taco: încălziți uleiul într-o tigaie mare la foc mediu. Adăugați tempeh. Folosește o lingură de lemn pentru a o rupe în bucăți mici, apoi adaugă praful de chili, boia de ardei afumată, sare și piper cayenne. Gatiti aproximativ 10 minute, pana cand tempeh-ul se inmoaie, adaugand un strop de bulion sau apa daca tempeh-ul se lipeste de tigaie sau se usuca prea mult. Adăugați lintea și amestecați pentru a se combina și a se încălzește.

Preparați sosul cremos de coriandru: puneți jalapeño, coriandru, migdale, coaja de lămâie, sucul de lămâie, ½ cană de apă și sarea într-un blender și faceți piure până devine cremoasă și netedă. Consistența ar trebui să fie similară cu cea a unui sos gros pentru salată. Adăugați mai multă apă, câte 1 lingură, dacă dressingul este prea gros.

Asamblați tacos: chiar înainte de servire, încălziți tortilla. Adăugați jumătate din umplutura de tempeh la tortilla de porumb și acoperiți cu salată verde mărunțită, roșii, măsline, ceapă verde, coriandru și dressing. Rezervați jumătatea rămasă din umplutură pentru salata taco mai târziu în cursul săptămânii.

Asamblați salata de taco: amestecați salata verde, roșiile, măslinele, ceai și coriandru și împărțiți-le în două boluri. Acoperiți cu umplutura de taco tempeh rămasă și stropiți cu dressingul cu coriandru.

44. Supă hrănitoare cu tăiței de roșii

Servici 2

3 căni de bulion Biome, plus mai mult după cum este necesar

1 ceapă verde (doar partea verde), feliată

2 lingurițe de ghimbir proaspăt ras

1 roșie Roma, tăiată mărunt

1 lingura tamari

6 uncii de tofu ferm, scurs, ușor presat (vezi Nota) și tăiat mărunt

½ linguriță de turmeric măcinat

5 uncii tăiței de orez

2 lingurițe de pastă miso

1 lingurita ulei de susan prajit (optional)

Rădăcini prăjite supraalimentate (opțional), pentru servire

Încinge 2 linguri de bulion într-o cratiță medie la foc mediu. Adăugați verdeața verde, ghimbirul, roșia și tamari și gătiți aproximativ 10 minute, până când roșia se descompune bine. Adăugați o stropire sau două de bulion după cum este necesar.

Adăugați tofu și gătiți încă 1 până la 2 minute, amestecând din când în când pentru a nu se lipi. Adăugați turmericul și bulionul rămas, apoi aduceți la fierbere scăzut. Lasam sa fiarba 10 minute pentru ca aromele sa se dezvolte.

Reduceți focul la fiert, apoi adăugați tăițeii de orez. Gatiti inca 2 sau 3 minute, pana cand taiteii sunt fragezi si fierti.

Opriți focul și amestecați miso-ul. Stropiți cu ulei de susan, dacă folosiți, și acoperiți cu rădăcinile prăjite pentru a servi, dacă doriți.

45. Paste pesto

Porti 4

Pesto de rucola-nuci

3 căni de rucola ambalate

½ ceasca de nuci prajite usor

2 linguri drojdie nutritiva

2 linguri suc de lamaie proaspat stors

¼ cană bulion de legume sau apă

¼ linguriță sare, plus mai mult după gust

¼ de linguriță de piper negru proaspăt măcinat, plus mai mult după gust

1 lingura ulei de masline (optional)

8 uncii paste uscate fără gluten

2 cani de amestec italian prajit (urmeaza reteta)

Pregătiți pesto: Puneți rucola, nucile și drojdia nutritivă în baza unui robot de bucătărie și amestecați până se toacă foarte fin. Cu motorul pornit, adăugați sucul de lămâie, bulionul de legume, sare și piper. Adăugați mai multă sare și piper după gust. Stropiți cu ulei de măsline, dacă folosiți, și lăsați deoparte.

Aduceți o oală mare cu apă cu sare la fiert. Adăugați pastele și gătiți până când sunt doar al dente, conform instrucțiunilor de pe ambalaj. Rezervați ½ cană de apă pentru paste și scurgeți pastele.

Pune pastele înapoi în oală împreună cu pesto. Aruncați, adăugând stropi de apă pentru paste după cum este necesar pentru a acoperi pastele. Se adaugă restul de amestec italian fript și se servește. Dacă preferați pastele puțin picante, bucurați-vă de acestea cu fulgi de ardei roșu zdrobiți.

46. Medley italian prăjit

Face 6 cani

1 vinete mare, tăiată cubulețe

2 dovlecei medii, tăiați cubulețe

1 ardei gras rosu, fara samburi si taiat cubulete

2 roșii rom, tăiate cubulețe

1 fenicul mic (1½ cani), frunzele îndepărtate și tăiate cubulețe

1 lingurita condiment italian uscat

¼ cană bulion de legume

2 până la 3 lingurițe ulei de măsline

½ lingurita sare

½ linguriță piper negru proaspăt măcinat

¼ linguriță fulgi de ardei roșu mărunțiți (opțional)

Preîncălziți cuptorul la 400°F.

Într-un castron mare, amestecați vinetele, dovleceii, ardeiul gras, roșiile rom, fenicul, condimente italiene, bulion de legume, ulei de măsline, sare, piper negru și fulgi de ardei roșu, dacă folosiți. Așezați într-un singur strat pe o foaie de copt cu ramă (poate avea nevoie de două foi de copt, în funcție de dimensiune), apoi puneți pe grătarul de sus al cuptorului.

Gatiti 35-40 de minute, in functie de marimea legumelor, pana cand legumele sunt foarte fragede.

Păstrați la frigider până la 6 zile. Bucurați-vă de orice extra ca atare, pe salate sau combinate cu paste integrale fierte.

47. Se prăjește cu buzunarul din spate

Porti 4

⅓cană tamari

$\frac{1}{4}$ cană oțet de vin de orez

2 linguri ulei de susan prajit

2 lingurițe amidon de porumb sau săgeată

$\frac{1}{4}$ cană bulion Biome sau apă

2 linguri de ghimbir proaspăt ras

1 ardei iute roșu, fără semințe și tocat (opțional)

4 ceai verde (doar părți verzi), feliați

2 cani doar buchetele de broccoli, tocate

4 morcovi, feliați pe bias

1 ardei gras rosu, feliat

2 căni de bok choy, feliate, frunze și tulpini separate

8 uncii ciuperci stridii, feliate

4 cesti de quinoa fiarta, pentru servire

Într-un castron mic, amestecați împreună tamari, oțet, ulei de susan și amidon de porumb până la omogenizare. Pus deoparte.

Încinge bulionul într-o tigaie mare sau wok la foc mediu-înalt. Adăugați ghimbirul, chili, dacă folosiți, și ceai verde feliat. Gatiti, amestecand des, pana se simte parfumat, aproximativ 1 minut.

Adăugați broccoli, morcovii, ardeiul gras și tulpinile de bok choy și gătiți, amestecând des, timp de 5 până la 7 minute, până când legumele sunt strălucitoare la culoare și ușor fragede. Adăugați frunzele de bok choy și ciupercile stridii și amestecați timp de 30 de secunde.

Adăugați amestecul de tamari în wok. Gatiti, amestecand des, pana cand sosul s-a ingrosat si legumele sunt fierte.

Serviți peste quinoa fiartă.

48. Curry Tofu Bok Choy

Face 2 portii

$1\frac{1}{4}$ cani plus 2 linguri bulion de legume sau bulion Biome, plus mai mult după cum este necesar

$\frac{1}{2}$ cană lapte de cocos conservat

1 lingura praf de curry galben

1 lingura praf de garam masala

2 ceai verde (doar părți verzi), tăiați subțiri

1 lingura de ghimbir proaspat ras

1 lingura tamari

3 căni de bok choy, frunze și tulpini separate

3 uncii lăstari de bambus conservați (clătiți)

7 uncii de tofu ferm, presat și tăiat cuburi (vezi această pagină)

1 lingurita ulei de susan prajit

$1\frac{1}{4}$ cani de orez brun fiert, pentru servire

Într-un castron mediu, amestecați $1\frac{1}{4}$ cană de bulion de legume, laptele de cocos, praful de curry galben și garam masala până când condimentele sunt bine amestecate. Dați deoparte.

Încălzește restul de 2 linguri de bulion într-o tigaie mare sau wok la foc mediu-mare până strălucește. Adaugati ceapa, ghimbirul si tamari. Amestecați aproximativ 1 minut, până când amestecul este parfumat și ghimbirul este în mare parte descompus.

Adăugați tulpinile de bok choy și lăstarii de bambus și căleți timp de aproximativ 5 minute, până se înmoaie. Dacă aveți nevoie de mai mult lichid, adăugați o stropire sau două din bulion.

Se amestecă tofu cu uleiul de susan și se pune deoparte. Adăugați în wok și amestecați timp de 30 de secunde pentru a se încorpora cu bok choy și lăstarii de bambus.

Reduceți focul la mediu-mic și adăugați amestecul de lapte de cocos și frunzele de bok choy rămase. Acoperiți și reduceți căldura la minim. Lasam sa fiarba aproximativ 10 minute, pana cand sosul se ingroasa si legumele sunt fragede si fierte. Serviți peste orez fiert.

49. Risotto cu ciuperci

Porti 4

4 căni de bulion Biome sau bulion de legume prietenos cu FODMAP

2 linguri ulei de măsline infuzat cu usturoi (vezi nota)

8 uncii ciuperci stridii, tocate

Sare

1¼ cană arborio sau alt orez cu bob scurt

1 lingura suc de lamaie proaspat stors

3 linguri drojdie nutritiva

Pătrunjel proaspăt sau arpagic proaspăt, tocat, pentru servire

Într-o cratiță mică, încălziți bulionul de legume la foc mediu. Odată ce fierbe, reduceți focul la mic pentru a se menține cald.

În timp ce bulionul se încălzește, încălziți o cratiță mare separată la foc mediu. Odată fierbinte, adăugați 1 lingură de ulei de măsline și încălziți până când strălucește, apoi adăugați ciupercile și un praf de sare. Se caleste aproximativ 10 minute, pana se inmoaie si se rumenesc. Scoateți din tigaie și lăsați deoparte.

Încălziți 1 lingură de ulei rămasă într-o cratiță și adăugați orezul. Gatiti, amestecand des, timp de 1 minut pana cand sunt usor prajiti. Folosind o oală, adaugă bulionul de legume încălzit, câte o jumătate de cană, amestecând aproape constant, permițând orezului să absoarbă tot lichidul. Aveți grijă să nu fierbeți amestecul, deoarece asta va avea ca rezultat risotto gumos; focul nu trebuie sa fie mai mare decat mediu, cu amestecul la fiert usor.

Continuați să adăugați bulionul de legume, ½ cană o dată, amestecând pentru a se încorpora până când lichidul este absorbit în mare parte, înainte de a adăuga mai mult bulion. Întregul proces ar trebui să dureze aproximativ 20 de minute, până când orezul este al dente.

Adăugați sucul de lămâie, drojdia nutritivă și ciupercile rezervate, amestecând pentru a se combina. În funcție de bulionul tău, probabil că nu mai ai nevoie de sare, ci asezonează după gust. Se serveste cu patrunjel tocat sau arpagic, dupa preferinta.

50. Tacos de linte-nuc

Face 4 porții, cu suficient pentru resturile de cartofi dulci umpluți cu taco

½ cană nuci, tocate mărunt

1 lingură ulei de măsline sau bulion Biome

1 roșie mare, tocată

Două cutii de 14,5 uncii de linte maro, scursă și clătită

2 lingurite de oregano uscat

2 lingurite chimen macinat

2 linguri praf de chili

½ lingurita sare

¼ cană apă

Tacos

4 până la 6 tortilla de porumb

½ rețetă Umplutură de nucă de linte

Sos cremos de coriandru, pentru servire

Roșii tăiate cubulețe, coriandru proaspăt tocat, salată verde mărunțită și/sau măsline negre feliate, pentru servire

Cartofi dulci umpluți Taco

2 cartofi dulci medii

½ rețetă Umplutură de nucă de linte

Sos cremos de coriandru

Roșii tăiate cubulețe, coriandru proaspăt tocat, salată verde mărunțită și/sau măsline negre feliate, pentru servire

Încinge o tigaie mare la foc mediu și adaugă nucile. Prăjiți, amestecând des, timp de aproximativ 2 minute, până când nucile sunt ușor rumenite și parfumate, având grijă să nu se ardă. Scoateți nucile din tigaie și lăsați deoparte.

Adăugați uleiul și roșia în aceeași tigaie și gătiți până când roșia devine moale, încă 3-4 minute. Adăugați lintea conservată, oregano, chimen, praf de chili, sare și apă. Gatiti pana se incalzeste, pasand usor unele dintre linte cu dosul unei linguri de lemn sau al unei spatule, timp de 5 minute.

Gustați, adăugând mai multă pudră de chili sau sare, dacă doriți.

Pentru a face tacos: încălziți tortilla de porumb și acoperiți cu umplutura și toppingurile la alegere.

Pentru a face cartofi dulci umpluți: Preîncălziți cuptorul la 400°F. Folosind o furculiță, înțepe cartofii dulci de câteva ori pe fiecare parte pentru a ajuta la eliberarea aburului în timp ce se gătesc. Puneți direct în cuptor și gătiți până când se înmoaie, 45 până la 55 de minute pentru cartofii dulci mai mici, 55 până la 70 de minute pentru cei mai mari.

Scoateți cartofii din cuptor și împărțiți-i la mijloc. Acoperiți cu umplutura de linte și nucă, sos cremos de coriandru și toppingurile dorite.

51. Bol de miso, ciuperci și soba

Face 2 boluri

$\frac{1}{2}$ cană edamame congelată, decojită

4 uncii de tăiței soba nefierți

10 până la 20 de mazăre de zăpadă, tăiată vertical

2 lingurite ulei de susan

$\frac{1}{4}$ cană bulion Biome sau bulion de legume

1 lingurita pasta miso

$\frac{1}{4}$ linguriță sirop de arțar 100%.

1 lingurita de ghimbir proaspat ras

$\frac{1}{4}$ linguriță sare, plus mai mult după gust

1 lingurita ulei de masline infuzat cu usturoi

1 cană de varză roșie feliată subțire

4 ciuperci shiitake uscate rehidratate, tulpinile îndepărtate și feliate

1 până la 2 morcovi, tăiați în panglici cu curățător de legume (1 mare sau 2 mici)

4 ceai verde (doar părți verzi), feliați

Aduceți o cratiță medie cu apă la fiert la foc mediu-mare. Adăugați edamame și tăițeii soba și gătiți timp de 2 minute.

Adăugați mazărea de zăpadă feliată și gătiți încă un minut, până când tăițeii sunt fragezi. Scurgeți și clătiți cu apă rece pentru a opri gătitul. Pus deoparte.

Într-un castron mic, amestecați uleiul de susan, bulionul, pasta miso, siropul de arțar, ghimbirul și sarea. Pus deoparte.

Se încălzește uleiul de măsline într-o tigaie medie la foc mediu, apoi se adaugă varza, ciupercile, morcovii și ceapa. Se amestecă și se fierbe timp de aproximativ 3 minute, până când se înmoaie.

Adăugați edamame, tăițeii, mazărea de zăpadă și sosul de susan în tigaie și amestecați până când vasul este încălzit, 2 până la 3 minute.

52. Saag Tofu

4 porții, cu suficient pentru resturile pentru mai târziu în cursul săptămânii

2 lingurițe ulei de măsline infuzat cu usturoi

2 linguri de ghimbir proaspăt ras

1 ardei iute thailandez, fără sămânță și tocat

1½ lingurita garam masala

1 lingura coriandru macinat

1 lingura turmeric macinat

1 lingura chimen macinat

½ linguriță de piper cayenne măcinat

1 linguriță de semințe de muștar

1 lingurita de sare, plus mai mult, la nevoie

2 kilograme de spanac tocat congelat (5 căni), dezghețat și scurs

1 cană de lapte de cocos plin de grăsime conservat

1 cană sos de roșii

Un pachet de 14 uncii de tofu ferm sau extra ferm, scurs și presat

2 lingurițe amidon de porumb

Piper negru proaspăt măcinat

2 cesti de orez fiert, de servit

Încinge 1 linguriță de ulei de măsline într-o tigaie medie la foc mediu. Se amestecă ghimbirul, chili, garam masala, coriandru, turmeric, chimen, cayenne, semințe de muștar și sare. Gatiti inca 30 pana la 60 de secunde, pana cand este doar parfumat.

Adăugați frunzele de spanac în tigaie și gătiți să se ofilească, 1 până la 2 minute. Se ia de pe foc si se lasa putin sa se raceasca.

Adăugați spanacul la baza unui robot de bucătărie și pulsați pentru a toca fin amestecul. Adăugați înapoi în tigaie împreună cu laptele de cocos și sosul de roșii, apoi lăsați să fiarbă, amestecând din când în când, timp de 30 de minute.

În timp ce spanacul se fierbe, faceți tofu. Tăiați tofu cubulețe și amestecați-l cu amidonul de porumb într-un castron mediu până când este bine acoperit. Încingeți lingurița rămasă de ulei de măsline într-o tigaie mare la foc mediu, apoi adăugați tofu. Gatiti, amestecand des, pana cand tofu devine maro auriu si crocant. Adăugați tofu fiert în amestecul de spanac și amestecați pentru a se combina.

Asezonați după gust, adăugând mai multă sare și piper după cum este necesar și serviți cald cu orez fiert.

53. Tocană de linte-cartofi dulci

Servici 2

1 lingurita ulei de masline infuzat cu usturoi

1 lingurita de ghimbir proaspat tocat

1 morcov, tocat

Sare și piper negru proaspăt măcinat

2 linguri de arpagic uscat sau proaspăt (tocat fin dacă este proaspăt)

1 cartof dulce, decojit și tocat

2 lingurițe de pudră de curry, plus mai mult după gust

2½ căni de bulion Biome sau bulion de legume

½ cană de linte conservată

1 mână mare de spanac proaspăt sau frunze de kale

Încinge o oală medie la foc mediu. Se adauga uleiul de masline, ghimbirul si morcovii tocati. Se presară cu un praf de sare și piper, apoi se fierbe timp de 3 minute, amestecând din când în când.

Adăugați arpagicul și cartofii dulci și gătiți încă 5 minute, amestecând din când în când. Se amestecă pudra de curry.

Adăugați bulionul în oală, acoperiți și ridicați focul la mediu-mare pentru a aduce la fierbere scăzut. Adăugați lintea în supă și amestecați pentru a se combina. Reduceți focul la mic și fierbeți, neacoperit, timp de aproximativ 20 de minute, până când cartofii sunt fragezi.

Adăugați sare, piper sau pudră de curry după gust. Chiar înainte de servire, amestecați verdeața până se ofilește. Serviți cu o parte de pâine cu aluat, dacă preferați.

54. Chili cu 4 fasole

Face 6 portii

1 lingura ulei de masline

1 ceapa alba sau galbena, tocata

1 ardei gras galben, tocat

2 catei de usturoi, tocati

3 linguri de pudră de chili, plus mai mult după gust

1 lingura de chimion macinat, plus mai mult dupa gust

2 lingurițe de oregano uscat, plus mai mult după gust

2 căni de bulion de legume cu conținut scăzut de sodiu

1 cană sos de roșii

O cutie de 15 uncii de roșii tăiate cubulețe

O cutie de 15 uncii de fasole neagră

O cutie de 15 uncii de fasole

O cutie de 15 uncii de fasole pinto

O cutie de 15 uncii de fasole cannellini

$\frac{1}{4}$ linguriță sare, plus mai mult după gust

Încinge uleiul de măsline într-o cratiță mare la foc mediu până strălucește. Adăugați ceapa, ardeiul gras și usturoiul și gătiți timp de 8 până la 10 minute, amestecând din când în când, până când ceapa devine translucidă. Adăugați pudra de chili, chimenul și oregano și gătiți timp de 30 până la 60 de secunde, până când este parfumat.

Adăugați bulionul, sosul de roșii, roșiile, fasolea neagră, fasolea, fasolea pinto, fasolea cannellini și sarea și creșteți focul la mediu-mare pentru a aduce la fierbere. Reduceți focul la mic și fierbeți neacoperit timp de 30 până la 45 de minute, amestecând din când în când, până când amestecul este gros și aromele s-au dezvoltat. Asezonați după gust, după dorință.

Serviți, rezervând 3 căni de chili pentru a face Chili Mac (vezi mai jos).

55. Chili Mac

Sos de brânză ușor

¼ cană caju, înmuiate în apă clocotită timp de 30 de minute, apoi scurse

½ portocală ardei gras, tocat grosier

½ cană lapte de migdale neîndulcit

1 lingură grămadă drojdie nutritivă, plus mai mult după gust

1 lingurita de pudra de chili, plus mai mult dupa gust

¼ linguriță sare, plus mai mult după gust

Chili Mac

2 căni de tăiței copți

3 căni de chili rezervat cu 4 fasole

Puneți caju, ardeiul gras, laptele de migdale, drojdia nutritivă, pudra de chili și sarea în baza unui robot de bucătărie și faceți piure până când sunt foarte cremoase și netede. Asezonați după gust, adăugând mai multă sare, pudră de chili sau drojdie nutritivă, după cum doriți.

Gătiți tăițeii conform instrucțiunilor de pe ambalaj până al dente, apoi scurgeți și lăsați deoparte.

Se încălzește chili rezervat, apoi se adaugă tăițeii fierți și sosul de brânză. Amestecați și bucurați-vă!

56. Salata de somon

Face 4 portii

¼ cană de maia cu avocado

¼ cană tahini

Suc de ½ lămâie proaspătă

2 lingurite otet de mere crud

½ cană de țelină, tocată

1 lingurita turmeric

½ linguriță sare de mare

Piper dupa gust

Frunze de salata verde (optional)

Verzi mixte (optional)

2 cani de nasturel (optional)

¼ cană ulei de măsline, plus mai mult pentru a picura înainte de servire (opțional)

Deschideți și scurgeți somonul.

Combinați într-un castron somonul, avocado Mayo, tahini, sucul de lămâie, oțetul, țelina, turmeric, sare de mare și piper. Folosește o furculiță pentru a amesteca bine.

Opțional: Serviți salata de somon într-o folie de salată verde sau peste o farfurie mare de verdeață amestecată. Deasupra cu nasturel. Stropiți salata cu ulei de măsline după cum doriți.

57. Salată de pui cu varză cu sos cremos de semințe de cânepă

Face 4 portii

2 linguri ulei de cocos

12 uncii pulpe de pui, tăiate în cuburi de 1 inch

$\frac{1}{2}$ linguriță plus până la $\frac{1}{4}$ linguriță sare de mare și piper, după gust

$\frac{1}{2}$ lingurita boia

4 linguri ulei de măsline plus până la 4 linguri suplimentare (opțional)

1 lingurita suc de lamaie

1 lingurita otet de mere crud

$\frac{1}{4}$ cană semințe de cânepă

$\frac{1}{4}$ cană pătrunjel proaspăt

1 cap de varză verde, feliată subțire (aproximativ 4 căni)

4 cani de rucola

2 ceai, feliați subțiri

$\frac{1}{4}$ cană bucăți de caju

Încinge o tigaie mare la foc mediu-mare și adaugă ulei de cocos.

Într-un castron, amestecați puiul cu $\frac{1}{2}$ linguriță de sare de mare, piper și boia și adăugați-l în tigaia fierbinte.

Aranjați puiul într-un singur strat și gătiți până devine maro auriu, răsturnând pentru a găti fiecare parte până când este fiert bine și auriu.

Într-un blender, combinați uleiul de măsline, sucul de lămâie, oțetul, semințele de cânepă, pătrunjelul și restul de sare și piper. Se amestecă până la omogenizare, adăugând apă, dacă este necesar, pentru a obține o consistență cremoasă.

Arunca varza, rucola si ceapa in dressing si impartim in 4 boluri. Acoperiți cu puiul și caju.

58. Seitan copt la cuptor

INGREDIENTE:

1 cană de gluten de grâu vital.

3 linguri drojdie nutritiva.

1 lingurita boia afumata.

1 linguriță de cimbru uscat sau 1 cimbru proaspăt de primăvară.

1 lingurita rozmarin uscat.

1 lingurita praf de usturoi.

1 lingurita sare de mare.

1/4 linguriță de salvie uscată.

1 lingura sos vegan Worcestershire.

1 lingură de zahăr gratuit sos BBQ.

2 linguri de amino lichid (sau sos de soia).

1 cană bulion de legume.

4 căni de supă de legume pentru a fierbe seitanul.

DIRECTII:

Amestecați ingredientele active uscate într-un bol și componentele umede într-un al doilea bol.

Combinați umed cu uscatul și frământați într-un „aluat".

Frământați acest aluat timp de aproximativ 5 minute sau până când glutenul este activat.

Aduceți aproximativ 4 căni de bulion de legume la fiert la foc mediu-mare.

Majoritatea felurilor de mâncare vă cer să vă împachetați seitanul în folie de plastic înainte de fierbere, dar asta doar pentru a păstra forma și descoperim că ne place al nostru rustic și încărcat cu aromă de bulion de legume.

Pur și simplu rulați aluatul de seitan într-un buștean și fierbeți în oala acoperită cu bulion de legume timp de 45 de minute.

După 45 de minute preîncălziți cuptorul la 350° F și coaceți seitanul pe o tavă timp de 20 de minute, răsturnându-l după 10 minute.

59. Tofu cu naut

INGREDIENTE

PENTRU TOFU DE NĂUT:

2 cani de faina de fasole garbanzo.

1/4 cană drojdie dietetică.

2 lingurite chimen macinat.

1/2 linguriță pudră de usturoi.

1 lingurita piper negru proaspat macinat.

1/4 linguriță de piper cayenne.

1 lingura ulei de cocos sau ulei de masline.

1 1/2 linguriță sare.

PENTRU SOS TAHINI:

1/4 cană tahini.

1 catel de usturoi, tocat.

1 lingurita otet de mere.

Piper negru proaspăt măcinat.

1 lingura de seminte de susan negru.

DIRECTII:

Preîncălziți cuptorul la 400 ° F. într-un castron mare, combinați toate componentele de tofu de năut cu 3/4 de cană de apă și amestecați bine.

Tapetați o tavă cu hârtie de copt și adunați aluatul.

Coaceți timp de 20 de minute sau până când o scobitoare introdusă în centru iese ordonată.

Se scot din cuptor, se lasă să se răcească complet și se taie în bucăți mici.

Într-un castron separat, amestecați ingredientele active ale sosului tahini și 2 linguri de apă (adăugați mai multă apă dacă tahini este prea gros).

Serviți tofuul de năut pe un pat de rucola, acoperit cu sosul tahini.

60. Tofu fiert

INGREDIENTE:

1 ceapă, tăiată în bucăți subțiri.

1 bloc de tofu ferm de 14 uncii, tăiat în 16 pătrate.

1 lingura zahar.

1/2 -1 linguriță pudră de chili coreeană.

3 linguri sos de soia.

4 linguri de sake.

1 ceapă, tăiată în felii subțiri.

Seminte de susan prajite.

DIRECTII:

Puneți felii de ceapă într-o tigaie antiaderentă sau într-o tigaie, apoi conduceți cu bucăți de tofu.

Amestecați zahărul, pudra de chili coreean, sosul de soia și sakeul. Pune peste felii de tofu.

Acoperiți tigaia cu un capac. Dati focul la mare si gatiti pana da in clocot. Dați focul la mediu-mare și gătiți încă 5 minute, ungeți cu sosul de câteva ori.

Scoateți capacul, întoarceți căldura la mare și gătiți până când sosul s-a redus la minimum.

Se oprește focul, se transferă pe o farfurie de servire, se ornează cu ceață și semințe de susan. Serviți imediat.

61. Tempeh picant cu unt de arahide

INGREDIENTE:

22 oz tempeh, tăiat în cuburi de 1 inch.

6,5 oz orez sălbatic, crud.

Spray cu ulei de cocos.

SOS:

4 linguri de unt de arahide.

4 linguri Sos de soia (scăzut în sodiu).

4 linguri zahar de cocos.

2 linguri sos chili rosu.

2 lingurite otet de orez.

2 linguri de ghimbir.

3 catei de usturoi (sau pasta de usturoi).

6 linguri de apa.

VARZĂ:

5 oz de varză violetă, rasă/tăiată fin.

1 lime, doar suc.

2 lingurițe de miere de agave/măr fără albine.

3 lingurite ulei de susan.

GARNITURĂ:

Ceapa verde, tocata.

DIRECTII:

Amestecă toate ingredientele pentru sosul de arahide picant.

Tăiați tempeh-ul în cuburi de 1 inch (2,5 cm).

Adăugați sosul în tempeh, amestecați, acoperiți și marinați la frigider pentru 2-3 ore sau, de preferință, peste noapte. Tempeh este de fapt bun la absorbția gusturilor marinatei.

Preîncălziți cuptorul la 375 ° F/190 ° C gătiți orezul conform instrucțiunilor de pe pachet.

Puneți tempeh-ul pe o tavă plată antiaderentă, stropiți cu puțin ulei de cocos, coaceți la cuptor pentru 25-30 de minute. Păstrați orice marinadă rămasă pentru servire.

Se amestecă toate componentele pentru varză într-un bol și se lasă deoparte pentru a se marina.

62. Salată de ton cu năut afumat

TON DE NAUT:

15 oz. de năut fiert conservat sau altfel.

2-3 linguri de iaurt simplu fără lapte sau maia vegană.

2 lingurițe de muștar de Dijon.

1/2 linguriță de chimen măcinat.

1/2 lingurita boia afumata.

1 lingura suc proaspat de lamaie.

1 tulpină de țelină tăiată cubulețe.

2 cepți tăiați.

Sare de mare dupa gust.

MONTAJ SANDWICH:

4 bucăți de pâine de secară sau pâine de grâu încolțit.

1 cană spanac pentru sugari.

1 avocado feliat sau cubulete.

Sare + piper.

DIRECTII:

Pregătiți salata de ton cu năut

Într-un robot de bucătărie, presează năutul până seamănă cu o textură grosieră, sfărâmicioasă. Puneți năutul într-un bol de mărime medie și includeți restul ingredientelor active, amestecând până se combină bine. Asezonați cu multă sare de mare după propriul gust.

Fă-ți sandvișul

Așezați puiul de spanac pe fiecare felie de pâine; adăugați câteva grămezi de salată de ton cu năut, întinzându-se uniform. Acoperiți cu felii de avocado, câteva boabe de sare de mare și piper proaspăt măcinat.

63. Salată thailandeză de quinoa

PENTRU SALATA:

1/2 cană quinoa fiartă Am folosit o combinație de roșu și alb.

3 linguri morcov ras.

2 linguri de ardei roșu, tăiat cu grijă.

3 linguri de castraveți, tăiați mărunt.

Dacă este congelată, 1/2 cană edamame decongelată.

2 ceai, tocati marunt.

1/4 cană varză roșie, tăiată mărunt.

1 lingura coriandru, tocat cu grija.

2 linguri alune prajite, tocate (optional).

Pentru a gusta sare.

DRESSING TAILANDEZ DE ARAIDE:

1 lingura unt de arahide natural cremos.

2 lingurite sos de soia cu putin sare.

1 lingurita otet de orez.

1/2 linguriță ulei de susan.

1/2 - 1 linguriță sos sriracha (opțional).

1 cățel de usturoi, tocat cu grijă.

1/2 linguriță de ghimbir ras.

1 lingurita suc de lamaie.

1/2 linguriță nectar de agave (sau miere).

DIRECTII:

Faceți sos de arahide thailandez:

Combinați toate ingredientele pentru purtare într-un castron mic și amestecați până se combină bine.

Pentru a face salata:

Integrați quinoa cu legumele într-un bol de amestecare. Includeți dressingul și amestecați bine pentru a se integra.

Pulverizati deasupra alunele prajite si serviti!

64. Salata de fasole turceasca

PENTRU SALATA:

1 1/2 cani de fasole albă fiartă.

1/2 cana rosii tocate.

1/2 cană castraveți feliați.

2 ardei verzi, feliați.

1/4 cana patrunjel feliat.

1/4 cană mărar proaspăt tocat.

1/4 cană de ceapă verde feliată.

4 oua fierte tari.

ÎMBRACȚIE

Pentru murăturile rapide de ceapă:

2 căni de apă caldă.

2 cepe roșii, feliate subțiri.

1 lingura suc de lamaie.

1 lingurita otet.

1 lingurita sare.

1 linguriță sumac.

DIRECTII:

Într-un castron mare, combinați toate componentele pentru salată, altele decât ouăle.

Bateți orice pentru dressing și puneți-l peste salată. Amestecați-l bine și acoperiți cu ouă feliate sau tăiate în jumătate.

Pentru a face murăturile rapide de ceapă:

Aruncați ceapa tăiată felii în apă foarte fierbinte, puneți-o la fiert timp de un minut și transferați-le în apă foarte rece pentru a opri gătitul. Lasati-le cateva minute in apa rece si scurgeti bine.

Se amestecă sucul de lămâie, sarea, oțetul și sumacul și se pune peste ceapa scursă. Totul este gata să fie utilizat în 5 până la 10 minute. Cu cât așteaptă mai mult, cu atât culoarea este mai strălucitoare.

Adăugați ceapa roșie în amestecul de salată și asigurați-i un amestec excelent. Lăsați niște ceapă în plus pentru blat.

Împărțiți salata în boluri și conduceți cu mai multă ceapă roșie.

65. Boluri cu legume și quinoa

LEGUME:

4 morcovi întregi medii.

1 1/2 cană de cartofi galbeni pentru copii tăiați în sferturi.

2 linguri sirop de artar.

2 linguri ulei de masline.

1 praf sănătos fiecare sare de mare + piper negru.

1 lingura rozmarin proaspat feliat.

2 căni de varză de Bruxelles tăiate la jumătate.

QUINOA:

1 cană quinoa albă bine clătită + scursă.

1 3/4 cani de apa.

1 praf sare de mare.

SOS:

1/2 cană tahini.

1 lămâie medie, strânsă cu suc (randa - 3 linguri sau 45 ml).

2-3 linguri sirop de artar.

Pentru servire opțional:

Ierburi proaspete (pătrunjel, cimbru și așa mai departe).

Arile de rodie.

DIRECTII:

Preîncălziți cuptorul la 400 de grade F (204 ° C) și tapetați o tavă de copt cu hârtie de copt

Includeți morcovii și cartofii în foaie și stropiți cu jumătate din siropul de arțar, jumătate din uleiul de măsline, sare, piper și rozmarin. Aruncă pentru a integra. Apoi coaceți timp de 12 minute.

Între timp, încălziți o tigaie la foc mediu-înalt. Odată fierbinte, adăugați quinoa clătită pentru a o soti ușor înainte de a adăuga apă pentru a vaporiza umezeala rămasă și a evidenția un gust de nucă.

Se prepară 2-3 minute, amestecând des. Adăugați apă și un praf de sare. La sfârșit, pregătiți dressingul.

Pentru a servi, împărțiți quinoa și legumele în boluri de servire și conduceți cu un strop generos de sos tahini. Lider cu alegeri de garnituri, cum ar fi ariile de rodie sau ierburi proaspete.

66. Tofu cu unt de migdale

INGREDIENTE:

1 pachet de 12 uncii tofu de companie suplimentar.

2 linguri ulei de susan (divizat).

4 linguri de tamari cu conținut redus de sodiu

3 linguri sirop de artar.

2 linguri de unt de migdale

2 linguri suc de lamaie.

1-2 lingurite sos de usturoi chili

Orez sălbatic, orez alb sau orez conopidă.

DIRECTII:

Când cuptorul este preîncălzit, desfaceți tofu și tăiați-l în cuburi mici.

Între timp, într-un mic bol de amestec, adăugați jumătate din uleiul de susan, tamari, siropul de arțar, untul de migdale, sucul de lămâie și sos de usturoi chili/fulgi de ardei roșu/ardei iute thailandezi. Amestecați pentru a integra.

Includeți tofu copt în sosul de unt de migdale și tamari și lăsați la marinat timp de 5 minute, amestecând uneori. Cu cât se marinează mai mult, cu atât aroma este mai extremă, însă descopăr că 5-10 minute sunt suficiente.

Încinge o tigaie mare la foc mediu. Când este fierbinte, adăugați tofu, lăsând cea mai mare parte din marinată în urmă.

Gatiti aproximativ 5 minute, amestecand uneori, pana se rumenesc pe toate partile si se caramelizeaza usor. Scoateți din tigaie și lăsați deoparte.

În tigaie, includeți uleiul de susan rămas din marinadă.

67. castron Buddha cu năut de quinoa

năut:

1 cană de năut uscat.

1/2 linguriță sare de mare.

QUINOA:

1 lingura ulei de masline, samburi de struguri sau avocado (sau nuca de cocos).

1 cană de quinoa albă (clătită bine).

1 3/4 cană apă.

1 praf de sare de mare sanatoasa.

KALE:

1 pachet mare de kale creț

Sos tahini:

1/2 cană tahini.

1/4 linguriță sare de mare.

1/4 linguriță pudră de usturoi.

1/4 cană apă.

PENTRU SERVIRE:

Suc proaspăt de lămâie.

DIRECTII:

Fie înmuiați năutul peste noapte în apă rece, fie folosiți metoda de înmuiere rapidă: adăugați năutul clătit într-o oală mare și acoperiți cu 2 inci apă. Scurgeți, clătiți și includeți înapoi în oală.

Pentru a găti năutul înmuiat, adăugați într-o oală mare și acoperiți cu 2 inci de apă. Se fierbe la foc mare, apoi se reduce focul la fiert, se pune sare și se amestecă și se fierbe neacoperit timp de 40 de minute - 1 oră 20 de minute.

Gustați o fasole la 40 de minute pentru a vedea cât de fragede sunt. Cauți o fasole pur și simplu fragedă, cu puțină mușcătură, iar cojile vor începe să dezvăluie semne de exfoliere. Imediat ce este pregătită, scurgeți fasolea și lăsați-o deoparte și presărați cu puțină sare.

Pregătiți dressingul incluzând tahini, sare de mare și pudră de usturoi într-un mic bol de amestecare și amestecând pentru a se integra. Apoi adăugați apă câte puțin până se formează un sos care se poate turna.

Adăugați 1/2 inch apă într-o tigaie medie și aduceți la fiert la foc mediu. Scoateți instantaneu varza de pe foc și transferați-o într-un vas mic pentru servire.

68. Seitan parmezan

INGREDIENTE:

6 linguri de gluten de grau crucial.

1/2 linguriță praf de ceapă.

1/4 lingurita ierburi de pasare.

1/4 linguriță sare.

1 lingurita tahini.

5 linguri supă vegană de pui.

1 înlocuitor de ouă vegan.

6 linguri de faina.

1/4 linguriță praf de ceapă.

1/4 linguriță pudră de usturoi.

1/4 linguriță sare.

Paste de opțiune.

Sosul de paste preferat.

Brânză vegană, pentru servire.

1 nucă mare de Brazilia, pentru „parmezan".

DIRECTII:

Se amestecă: 6 linguri de gluten de grâu crucial, 1/2 linguriță praf de ceapă, 1/4 linguriță ierburi de pasăre și 1/4 linguriță sare.

Se amestecă într-un castron diferit: 1 lingură tahini și 5 linguri bulion vegan de pui sau apă.

Combinați rândurile 1 și 2 până când obțineți aluat de seitan. Frământați aluatul timp de un minut.

Acoperiți cu apă sau bulion. Odată gata, folosiți un prosop de hârtie pentru a împinge puțină apă din chifteluță.

Faceți un ou vegan conform instrucțiunilor. Utilizați puțină apă în plus pentru a face aluat de ouă pe partea mai subțire.

Faceți amestecul de făină: 6 linguri de făină, 1/4 praf de ceapă, 1/4 pudră de usturoi și 1/4 sare.

Înmuiați chifteluța de seitan în făină, apoi aluatul de ouă vegan, apoi încă o dată făină. Se prăjește la foc mare/mediu-mare până se rumenesc.

Serviți cu paste, sos și brânză vegană. Topiți brânza vegană sub setarea „broil", dacă doriți. Răziți cu grijă nuca de Brazilia pentru parmezan.

69. Chirtărițe de linte roșie

PENTRU SOS DE ROSII:

1 cutie de 14 uncii roșii tocate.

Un strop de sirop de agave.

1 lingura ulei.

1 lingurita vin rosu, alb.

Chili, ierburi uscate de provence și pudră de boia de ardei, după gust.

PENTRU CHITELURI DE LINTE:

1 cană linte roșie uscată.

1 1/2 cani, plus 3 linguri de apa.

1 linguriță pudră de bulion de legume.

1 lingurita turmeric.

1 ceapă, tăiată cubulețe.

1 catel de usturoi, presat.

1/2 linguriță de chimen.

1 ou de in.

2 linguri de patrunjel.

Sare si piper, dupa gust.

Ulei, la nevoie.

Pentru a face sosul de roșii:

Adăugați toate ingredientele active într-o oală și lăsați să fiarbă. Reduceți căldura și fierbeți timp de aproximativ 30 de minute, amestecând periodic. Scapă de căldură.

PENTRU A FACE CHITELELE DE LINTE:

Combinați lintea, apa, bulionul de legume și turmeric într-o oală și aduceți la fierbere. Dacă este esențial), reduceți căldura și gătiți până când lintea se înmoaie, iar apa este absorbită (includeți mai multă apă. Amestecați periodic.

Pe de altă parte, gătiți ceapa într-o tigaie.

Preîncălziți cuptorul la 390 ° F. Tapetați o foaie de copt cu hârtie de copt și ungeți cu ulei.

Într-un castron, se integrează lintea, ceapa, usturoiul, chimenul, ouul de in, pătrunjelul, sare și piper. Se amestecă bine și se lasă să se răcească puțin.

Umeziți mâinile cu apă, modelați chifteluța de linte și puneți pe hârtie de copt. Ungeți cu puțin ulei.

Coaceți lintea roșie aproximativ 20-25 de minute și serviți cu sosul de roșii.

70. Pesto de rucola și dovlecel

INGREDIENTE:

2 felii de pâine prăjită de secară

1/2 dintr-un avocado.

1/2 dovlecel mare.

Ciorchine de nasturel .

1 catel de usturoi.

PENTRU PESTO DE ARUGULA:

2 pumni mari de rucola.

1 cană nuci de pin (sau orice nucă).

1 mână mare de spanac.

Suc de 1 lime.

1 linguriță de sare de mare.

3 linguri ulei de masline.

DIRECTII:

Începeți prin a face pesto de rucola punând toate ingredientele într-o moară și bateți până când pesto-ul devine catifelat și neted.

Sotește dovlecelul tăindu-l mai întâi în bucăți orizontale foarte subțiri. Încălziți cățelul de usturoi feliat grosier, uleiul de măsline, stropiți de sare de mare și câteva stropi de apă într-o tigaie mică, la foc mediu.

Dacă dovlecelul începe să se usuce pe măsură ce se gătește, includeți dovlecelul și soțiți-l timp de 7 minute - includeți încet apă. Prăjiți pâinea, apoi întindeți pesto-ul în toată pâinea prăjită, adăugați dovleceii și avocado feliat, iar apoi cu creson!

71. caserolă vegetariană

INGREDIENTE:

1 lingura ulei de masline sau rapita.

1 ceapă, tăiată cu grijă.

3 catei de usturoi, taiati felii.

1 lingurita boia afumata.

1/2 linguriță de chimen măcinat.

1 lingura de cimbru uscat.

3 morcovi medii, feliați.

2 bețișoare medii de țelină, tăiate mărunt

1 ardei rosu, feliat.

1 ardei galben, feliat.

2 conserve de 400 g de roșii sau roșii cherry decojite.

1 cub de supă de legume până la 250 ml

2 dovlecei, feliați gros

2 crengute de cimbru proaspat.

250 g linte fiartă.

DIRECTII:

Încălzește 1 lingură de ulei de măsline sau de rapiță într-un vas imens, copleșitor. Includeți 1 ceapă tăiată mărunt și gătiți delicat timp de 5 - 10 minute până se înmoaie.

Includeți 3 căței de usturoi tăiați, 1 linguriță de boia afumată, 1/2 linguriță de chimen măcinat, 1 linguriță de cimbru uscat, 3 morcovi tăiați, 2 bețișoare de țelină tăiate mărunt, 1 ardei roșu tăiat și 1 ardei galben despicat și gătiți timp de 5 minute.

Includeți două borcane de roșii de 400 g, 250 ml supă de legume (facut cu 1 oală), 2 dovlecei tăiați gros și 2 crenguțe de cimbru nou și gătiți timp de 20 - 25 de minute.

Scoateți crenguțele de cimbru. Se amestecă 250 g de linte fiartă și se dă înapoi la o tocană. Prezentat cu orez basmati salbatic si alb, dovlecei sau quinoa.

72. Varza de Bruxelles prajita

INGREDIENTE:

1 lb varza de Bruxelles, taiata in jumatate.

1 şalotă, tocată.

1 lingura ulei de masline.

Sare si piper, dupa gust.

2 lingurite otet balsamic.

1/4 cană semințe de rodie.

1/4 cană brânză de capră, mărunțită.

DIRECTII:

Preîncălziți cuptorul la 400 ° F. Ungeți varza de Bruxelles cu ulei. Se presară cu sare și piper.

Transferați într-o tavă de copt. Se coace la cuptor timp de 20 de minute.

Stropiți cu oțet.

Se presara cu seminte si cascaval inainte de servire.

73. Sandviș cu năut cu avocado

INGREDIENTE:

1 poate fără sare adăugată năut țevi scurse și clătite.

1 avocado mare copt.

1 1/2 linguri de suc de lamaie.

1/2 linguriță ardei iute iute tocat mărunt.

Sare si piper.

4 felii de paine integrala crescuta.

1 roșie mare de comoară feliată.

1/2 cană microverduri dulci.

1/2 cană morcov mărunțit.

1/2 cană de sfeclă preparată și mărunțită.

DIRECTII:

Într-un castron, zdrobiți avocado până când este relativ omogen, adăugați sucul de lămâie, ardeiul iute și năut. Asezonați cu sare și piper.

Pentru a pune laolaltă sandvișul, așezați feliile de roșii pe o felie de pâine, adăugați microverde, sfecla, salata de năut și morcovii. Bucurați-vă!

74. Quinoa la tigaie

INGREDIENTE:

1 cană de cartof dulce, tăiat cubulețe.

1/2 cană apă.

1 lingura ulei de masline.

1 ceapa, tocata.

3 catei de usturoi, tocati.

1 lingurita chimen macinat.

1 lingurita coriandru macinat.

1/2 linguriță pudră de chili.

1/2 linguriță de oregano uscat.

15 oz fasole neagră, clătită și scursă.

15 oz roșii prăjite.

1 1/4 cani supa de legume.

1 cană porumb congelat 1 cană quinoa (nefiertă).

Sarat la gust.

1/2 cană smântână ușoară.

1/2 cană frunze de coriandru proaspăt.

DIRECTII:

Adăugați apa și cartofii dulci într-o tigaie la foc mediu. Se aduce la fierbere.

Reduceți căldura și gătiți până când cartofii dulci sunt fragezi.

Adăugați uleiul și ceapa.

Gatiti 3 minute. Se amestecă usturoiul și condimentele și se fierbe timp de 1 minut.

Adaugati restul ingredientelor, cu exceptia smantana si coriandru. Gatiti 20 de minute.

Serviți cu smântână și acoperiți cu coriandru înainte de servire.

75. Tofu lipicios cu tăiței

INGREDIENTE:

1/2 castravete mare.

100 ml oțet de vin roșu de orez.

2 linguri de zahăr tos auriu.

100 ml ulei vegetal.

Ambalaj 200 g tofu companie, tăiat cubulețe de 3 cm.

2 linguri sirop de artar.

4 linguri pastă miso maro sau albă.

30 g seminte de susan alb.

250 g taitei soba uscati.

2 cepe de primăvară, mărunțite, de servit.

DIRECTII:

Cu ajutorul unui curățător, tăiați benzile subțiri de pe castraveți, lăsând semințele în urmă. Puneți panglicile într-un castron și lăsați-le deoparte. Se încălzește ușor oțetul, zahărul, 1/4 linguriță sare și 100 ml apă într-o tigaie la foc mediu timp de 3-5 minute până când zahărul se lichefiază, apoi se toarnă peste castraveți și se lasă la murat la frigider în timp ce prepari tofu. .

Încingeți toate, cu excepția unei linguri de ulei, într-o tigaie mare, antiaderentă, la foc mediu, până când bulele încep să se ridice la suprafață. Includeți tofu și prăjiți timp de 7-10 minute.

Într-un castron mic, amestecați mierea și miso-ul. Răspândiți semințele de susan pe o farfurie. Ungeți tofuul prăjit cu sosul lipicios de miere și lăsați deoparte resturile. Se unge tofu uniform in seminte, se presara cu putina sare si se lasa la loc caldut.

Pregătiți tăițeii și amestecați cu restul de ulei, sosul rămas și 1 lingură de lichid de murat de castraveți. Gatiti 3 minute pana se incalzesc.

76. Vegan BBQ teriyaki tofu

INGREDIENTE:

4 linguri de sos de soia cu conținut scăzut de sare.

2 linguri de zahar brun moale.

Ciupiți ghimbir măcinat.

2 linguri mirin.

3 lingurite ulei de susan.

Bloc de 350 g de tofu extrem de ferm (vezi sfatul de mai jos) tăiat în felii groase.

1/2 linguri ulei de rapita.

2 dovlecei, taiati pe orizontala fasii.

200 g broccoli cu tulpină fragedă.

Seminte de susan alb si negru, de servit.

DIRECTII:

Amestecați sosul de soia, zahărul brun moale, ghimbirul și mirinul cu 1 linguriță ulei de susan și ungeți-l peste bucățile de tofu. Puneți-le într-o masă mare, puțin adâncă și puneți peste orice marinată rămasă. Răciți cel puțin 1 oră.

Încălziți grătarul până când cărbunii devin albi sau încălziți o tigaie. Amestecați uleiul de susan rămas cu uleiul de rapiță și ungeți feliile de dovlecei și broccoli. Prăjiți-le la grătar (sau la grătar) peste cărbuni timp de 7-10 minute sau până când doare și apoi rezervați și păstrați la cald.

Puneți la grătar bucățile de tofu pe ambele părți peste cărbuni timp de 5 minute (sau folosiți tigaia) până când devin maro și devin crocante la margini. Serviți tofu pe un pat de legume cu marinada rămasă și împrăștiați peste semințele de susan.

77. Germeni cu fasole verde

INGREDIENTE:

600 g varza de Bruxelles, taiata in patru si taiata.

600 g fasole verde.

1 lingura ulei de masline.

Zest și zeamă 1 lămâie.

4 linguri nuci de pin prajite.

DIRECTII:

Gătiți câteva secunde, apoi adăugați legumele și prăjiți timp de 3-4 minute până când mugurii se colorează puțin.

Adăugați o strângere de suc de lămâie și sare și piper după gust.

78. Tofu cu crusta cu ridichi

INGREDIENTE:

200 g tofu ferm.

2 linguri de seminte de susan.

1 linguriță shichimi togarashi japonez.

Amestecul de condimente.

1/2 linguri faina de porumb.

1 lingura ulei de susan.

1 lingura ulei vegetal.

200 g broccoli cu tulpină fragedă.

100 g mazăre snap cu zahăr.

4 ridichi, feliate foarte fin.

2 cepe de primăvară, tăiate cu grijă.

3 kumquats, feliate foarte fin.

PENTRU ENSEMARE

2 linguri sos de soia japonez cu putina sare.

2 linguri suc de yuzu (sau 1 lingura fiecare suc de lime si grapefruit).

1 linguriță de zahăr tos auriu.

1 şalotă mică, tăiată mărunt.

1 lingurita de ghimbir ras.

DIRECTII:

Tăiați tofu în jumătate, acoperiți bine cu hârtie de bucătărie și puneți-l pe o farfurie. Pune deasupra o tigaie grea pentru a stoarce apa din ea. Modificați hârtia de câteva ori până când tofuul se simte uscat, apoi tăiați în bucăți mari. Amestecați semințele de susan, amestecul de condimente japoneze și făina de porumb într-un castron. Pulverizați peste tofu până când este bine stratificat. Pus deoparte.

Într-un castron mic, amestecați ingredientele pentru dressing. Aduceți la fiert o tigaie cu apă pentru legume și încălziți cele două uleiuri într-o tigaie mare.

Când tigaia este foarte fierbinte, includeți tofu și prăjiți aproximativ 1 minut pe fiecare parte în sus până se rumenește frumos.

Când apa fierbe, pregătiți broccoli și mazărea cu zahăr timp de 2-3 minute.

79. Lasagna de linte

INGREDIENTE:

1 lingura ulei de masline.

1 ceapa, tocata.

1 morcov, feliat.

1 baton de telina, tocata.

1 cățel de usturoi, tocat.

2 conserve de 400 g linte, scursa, clatita.

1 lingura faina de porumb.

Cutie de 400 g roșii tocate.

1 lingurita ketchup cu ciuperci.

1 lingurita oregano feliat (sau 1 lingurita uscata).

1 lingurita praf de supa de legume.

2 capete de conopida, rupte in buchete.

2 linguri lapte de soia neindulcit.

Un praf de nucsoara proaspat rasa.

9 foi de lasagna uscate fără ouă.

DIRECTII:

Se încălzește uleiul într-o tigaie, se adaugă morcovul, țelina și ceapa și se prepară cu grijă timp de 10-15 minute până se înmoaie. Adăugați usturoiul, fierbeți câteva minute, apoi amestecați lintea și făina de porumb.

Adaugă roșiile plus o cutie plină cu apă, catsup-ul de ciuperci, oregano, praf de stoc și niște condimente. Se fierbe timp de 15 minute, amestecând din când în când.

Fierbeți conopida într-o oală cu apă clocotită timp de 10 minute sau până când se înmoaie. Scurgeți țevile, apoi faceți piure cu laptele de soia folosind un blender manual sau o moară alimentară. Asezonați bine și includeți nucșoara.

Includeți încă o treime din amestecul de linte, apoi întindeți deasupra o treime din piureul de conopidă, urmat de un strat de paste. Acoperiți cu ultima treime de linte și lasagna, urmate de piureul rămas.

Acoperiți ușor cu folie și coaceți timp de 35-45 de minute, eliminând folia pentru ultimele 10 minute de gătit.

80. Chiftele de linte

PENTRU Chiftele:

3/4 cană linte maro și verde uscată sau franțuzească.

1 1/2 cană de bulion de legume cu conținut scăzut de sodiu - sau bulion de pui, plus suplimentar după cum este necesar.

2 lingurite ulei de masline.

1/2 cană ceapă galbenă tăiată cubulețe - aproximativ 1/2 ceapă medie.

1 cană morcovi mărunțiți.

2 catei de usturoi - tocati (aproximativ 2 lingurite).

1/2 cană de ovăz rulat de modă veche - sau ovăz de gătit rapid, nu utilizați imediat sau tăiat din oțel.

1/4 cană pătrunjel italian proaspăt tocat.

1 1/2 linguri pasta de rosii.

1 lingurita oregano uscat.

1/2 linguriță sare kosher.

1/4 linguriță piper negru.

1 ou mare.

Pregătiți tăițeі de paste integrale de grâu tăițeі de dovlecel sau tăițeі de cartofi dulci..

Adăugați lintea clătită într-o cratiță medie cu bulionul de legume.

Gatiti ceapa, usturoiul si morcovii in ulei.

Pulsați ovăzul și pătrunjelul de câteva ori pentru a începe să spargeți ovăzul. Adăugați lintea pregătită, amestecul de ceapă, pasta de roșii, oregano, sare și piper, apoi spargeți oul. Pulsați încă de câteva ori până când amestecul este integrat, dar lintea are încă puțină textură.

Rulați amestecul de linte în bile care au aproximativ 1 1/2 inci în diametru, aproximativ de dimensiunea unei mingi de golf. Gatiti 10 minute.

81. Medalioane de porc cu crustă de alune

INGREDIENTE:

10 uncii mușchi de porc, tăiat în rondele groase de ½ inch

1 lingurita mustar dijon

½ cană alune tocate mărunt

2 linguri busuioc proaspăt tocat

Sare si piper negru proaspat macinat dupa gust

2 linguri ulei de masline

1 cană bulion de pui cu conținut scăzut de sodiu

¼ cană smântână jumătate și jumătate

1 cana sfecla taiata felii, scursa

Cu un ciocan sau un tocator de carne, bate fiecare rotund de carne de porc între foile de hârtie ceară până la o grosime de $\frac{1}{4}$ inch. Amesteca intr-un castron mustarul, alunele, busuiocul, sare si piper.

Draga medalioanele de porc în amestecul de muștar și pune-l deoparte. Se încălzește o tigaie uscată timp de 2 minute, apoi se adaugă uleiul și se încălzește la foc mediu-mare timp de 1 minut. Adăugați medalioanele de porc dragat și soțiți timp de 30 de secunde până la 1 minut pe parte, până când nucile se rumenesc ușor (carna de porc se va termina de gătit în sos).

Scoateți medalioanele din tigaie și păstrați-le la cald. Adaugă bulionul în tigaie și deglazează, răzuind toate bucățile maro care se lipesc de fund. Se amestecă smântâna și se mai fierbe încă 3 minute. Întoarceți medalioanele în sos și gătiți încă 2 minute.

Aranjați feliile de sfeclă pe două farfurii. Așezați fiecare medalion peste o felie de sfeclă și serviți deodată.

82. Cotlete de porc cu gust

SAVURA

$\frac{1}{4}$ cană roșii prune tocate

$\frac{1}{4}$ cana ceapa rosie tocata

2 linguri otet de vin rosu

2 linguri ulei de masline extravirgin

1 cățel de usturoi, tocat

2 linguri busuioc proaspăt tocat

1 lingurita oregano uscat

$\frac{1}{2}$ lingurita sare

Piper negru proaspăt măcinat după gust

MARINADA

2 linguri otet de vin rosu

2 linguri ulei de masline

1 cățel de usturoi, tocat

Două cotlete de porc tăiate groase de 10 uncii

Sare si piper negru proaspat macinat dupa gust

2 linguri ulei vegetal pătrunjel proaspăt cu frunze plate tocat

Bucle de parmezan proaspăt pentru decor

Amestecați ingredientele pentru gust într-un castron mic. Pune-o deoparte.

Bateți amestecul de marinată într-un vas de copt puțin adânc. Puneți cotletele de porc în marinată, întorcându-le pentru a acoperi ambele părți și lăsați deoparte timp de 10 minute. Acum scoateți cotletele din marinadă și scurgeți excesul. Sarați și piperați cotletele cu generozitate. Preîncălziți o tigaie uscată din fontă timp de 3 minute la foc mare. Adăugați uleiul vegetal și încălziți încă 1 minut. Puneți cotletele în uleiul fierbinte și gătiți-le până la rar, 3 până la 4 minute pe parte, sau la gradul de fierbere dorit.

Puneți cotletele pe o farfurie, acoperiți cu gust, pătrunjel tocat și bucle de parmezan. Serviți deodată.

83. Carne de porc cu dovleac spaghetti

INGREDIENTE:

1 lingurita ulei de masline

12 uncii mușchi de porc, tăiat în medalioane de 1 inch grosime

$\frac{1}{2}$ lingurita sare kosher

$\frac{1}{4}$ linguriță piper negru proaspăt măcinat

1 lingură eșalotă tocată

1 cană de vin roșu sec

$\frac{1}{4}$ linguriță amidon de porumb

Coaja rasă de la $\frac{1}{2}$ lămâie plus 2 lingurițe de suc proaspăt de lămâie

1 lingură jeleu de coacăze roșii din toate fructele (fără zahăr adăugat).

1 lingurita mustar de Dijon

2 căni de dovleac spaghete prăjite

Încinge o tigaie mare la foc mediu-mare, apoi filmează-o cu ulei. Între timp, uscați bucățile de porc pe prosoape de hârtie și asezonați cu sare și piper. Se prăjește până devine crocant și maro pe exterior și nu mai este roz la mijloc, 3 până la 4 minute pe fiecare parte. Transferați în farfurii încălzite și rezervați.

Adăugați eșalota în tigaie și gătiți aproximativ 30 de secunde. Adăugați vinul, aduceți la fierbere și reduceți la aproximativ $\frac{1}{4}$ de cană, aproximativ 5 minute. Dizolvați amidonul de porumb în sucul de lămâie și amestecați-l în sos. Gatiti, amestecand, pana cand sosul devine gros si cu aspect satinat. Se ia de pe foc si se adauga jeleul si mustarul. Gustați și ajustați condimentele cu sare și piper.

Pentru a servi, faceți un cuib de Spaghetti Squash fripți pe fiecare farfurie și acoperiți cu medalioane de porc și sos.

84. Falafel picant de quinoa

INGREDIENTE:

1 cană de quinoa fiartă.

1 cutie de fasole garbanzo.

Jumătate de ceapă roșie mică.

1 lingurita Tahini.

2 lingurițe de chimen pudră.

1 lingurita praf de coriandru.

1/4 cana patrunjel tocat.

3 catei de usturoi.

Suc de o jumătate de lămâie.

1 lingura ulei de cocos.

1 lingura tamari (sos de soia GF).

1/2 - 1 linguriță fulgi de chili.

Preparare de sare de mare.

DIRECTII:

Aruncați fasolea garbanzo, ceapa roșie, usturoiul, tahini, fulgii de chili, chimenul, coriandru, sucul de lămâie și sarea într-o moară și pulsați-le timp de 15 secunde, astfel încât să descompună fasolea, totuși, nu le face piure.

Rulați amestecul cu mâinile în bile mici (aproximativ 2 linguri de aluat pentru fiecare) și puneți pe o tavă de copt.

Dați-le la frigider pentru 1 oră.

Se presara putina faina pe ambele parti.

Încinge uleiul de cocos într-o tigaie mare la foc mediu.

Adăugați biluțele de falafel și gătiți 3-5 minute pe fiecare parte.

85. Galette de dovlecei

INGREDIENTE:

1 1/2 cani de faina de spelta.

6-8 frunze de salvie.

1/4 cană apă rece.

6 linguri ulei de cocos.

Sare de mare.

PENTRU Umplutura:

1 lingura ulei de masline.

1/4 ceapă roșie, feliată subțire.

1 lingura frunze de salvie.

1/2 mar rosu, feliat foarte fin.

1/4 dovleac, coaja îndepărtată și feliate foarte fin.

1 lingură ulei de cocos, împărțit și rezervat pentru topping.

2 linguri de salvie, rezervate pentru topping.

Sare de mare.

DIRECTII:

Preîncălziți cuptorul la 350 ° F.

Faceți crusta adăugând făina, sarea de mare și frunzele de salvie în moara alimentară. Includeți treptat uleiul de cocos și apa și pulsați regulat, pe măsură ce acestea se amestecă ușor în făină. Pulsați suficient până când componentele se integrează împreună, aproximativ 30 de secunde.

Între timp, faceți umplutura. Într-o tigaie mică, la foc mediu-mare, încălziți uleiul de măsline. Includeți în ceapă, un praf de sare, o linguriță de frunze de salvie și prăjiți timp de aproximativ 5 minute. Pune-l deoparte în timp ce întindeți aluatul într-un cerc, de aproximativ 1/4 inch grosime.

Amestecați dovleceii și merele într-un castron mic cu un strop de ulei de măsline și sare de mare. Adăugați dovleceii și feliile de mere deasupra cepei (pur și simplu așa cum vedeți în imagine).

Îndoiți ușor marginile crustei peste părțile exterioare ale dovleacului. Includeți bucăți mici de ulei de cocos deasupra galettei, împreună cu frunzele de salvie și coaceți la cuptor pentru 20-25 de minute, sau până când crusta devine fulgioasă și dovleceii sunt gătiți.

86. Quinoa cu pasta de curry

INGREDIENTE

2 linguri de tulpina de coriandru proaspăt.

2 pumni mici de frunze de coriandru proaspăt.

6 catei de usturoi.

1 lingura coriandru pudra.

1/2 linguri chimen pudra.

Nob de ghimbir de 1 inch (fără piele).

Suc de 1 lime.

1 tulpină de lemongrass

1/2 cană eșalotă sau ceapă albă.

1 lingurita fulgi de chili.

Sare de mare.

curry verde

DIRECTII:

Începeți prin a face pasta de curry amestecând totul în moara alimentară până când este bine omogenizat și măcinat într-o pastă.

Acum pentru curry - la foc mediu/mare se încălzește uleiul de cocos și ceapa timp de 5 minute. Includeți toate legumele, zahărul de cocos, pasta de curry și 1/4 de cană de apă și lăsați să fiarbă cu capacul timp de aproximativ 10 minute.

Adăugați mai multă apă treptat pentru ca legumele să nu se ardă. De îndată ce legumele s-au fiert, includeți laptele de cocos și 1 cană de apă și gătiți încă 10 minute până când legumele sunt complet gătite. Adăugați sucul proaspăt de lămâie, frunze suplimentare de coriandru și, ducând peste orez brun sau quinoa!

87. Bacon de morcovi afumat la cuptor

INGREDIENTE:

3 morcovi mari.

2 linguri ulei de rapita.

1 lingurita praf de usturoi.

1 lingurita boia afumata.

1 lingurita sare.

DIRECTII:

Spălați morcovul (nu este necesară curățarea) și bucăți, pe lungime, folosind o mandolină. Așezați fâșiile de morcov pe o foaie de copt tapetată cu hârtie de copt. Preîncălziți cuptorul la 320 ° F. amestecați componentele rămase într-un castron mic și apoi periați fâșiile de morcov pe ambele părți.

Dam la cuptor pentru 15 minute, sau cand fasiile de morcovi sunt ondulate.

Gustări, deserturi și băuturi

88. Ceai de lamaie-ghimbir

Servici 2

1 buton mic de ghimbir, tăiat în patru bucăți de 1 inch

Sucul de la 1 lămâie mare

100% sirop de arțar sau stevia, după dorință

Într-o cratiță medie, fierbeți 4 căni de apă și ghimbirul timp de 10 până la 15 minute sau mai mult, în funcție de cât de tare vă place ceaiul.

Se ia de pe foc si se adauga sucul de lamaie. Strecurați, îndepărtând ghimbirul și împărțiți ceaiul între 2 căni mari. Se amestecă siropul de arțar și se servește.

Pentru a servi rece: Turnați amestecul de ghimbir-apă peste 4 căni de gheață și adăugați sucul de lămâie și siropul de arțar, după cum doriți.

89. Muhammara Dip

Face aproximativ 2½ căni de dip

6 ardei gras roșii mari

1 cana nuci crude, tocate

2 linguri ulei de masline

¼ cană suc de lămâie proaspăt stors

¼ cană oțet balsamic

1 lingurita chimen macinat

1 lingurita sare de mare, plus mai multa dupa gust

½ linguriță fulgi de ardei roșu zdrobiți (sau mai mulți, pentru o baie picant)

Preîncălziți cuptorul la 450°F.

Așezați ardeii gras întregi direct pe o tavă de copt cu ramă și prăjiți timp de 25 de minute, întorcându-le după 15 minute, astfel încât ardeii grasi să fie ușor carbonizați pe fiecare parte.

Puneți ardeii într-un castron mare și acoperiți imediat cu un prosop de bucătărie pentru a le lăsa să se aburească timp de cel puțin 10 minute. Acest lucru va ajuta pielea să se înmoaie, astfel încât să fie mai ușor de îndepărtat.

Odată ce se răcește, îndepărtați pielea, miezul și semințele. Tăiați grosier și lăsați deoparte.

La baza unui robot de bucătărie, adăugați nucile, uleiul de măsline, sucul de lămâie, oțetul, chimenul, sare și fulgii de ardei roșu. Pulsați de 8 până la 10 ori pentru a combina. Adăugați ardeii prăjiți și mai pulsați de câteva ori pentru a se combina. Puteți transforma acest lucru într-o tartine cremoasă, asemănătoare hummus-ului, sau o tartinatură groasă cu nuci. Gustați și ajustați după cum este necesar, adăugând mai multă lămâie pentru aciditate, fulgi de chili pentru condimente, oțet balsamic pentru adâncime și/sau sare.

Aceasta se va păstra, acoperită, la frigider până la 4 zile.

90. Budincă de chia cu lămâie

Face aproximativ 2 cani

1 cana lapte de migdale neindulcit

1 lingurita coaja de lamaie proaspat rasa

$\frac{1}{4}$ cană suc de lămâie proaspăt stors

1 până la 2 linguri sirop de arțar 100%.

$\frac{1}{4}$ linguriță de turmeric măcinat

Ciupiți de sare

$\frac{1}{4}$ cană semințe de chia

Într-un castron mediu, amestecați laptele de migdale, coaja de lămâie, sucul de lămâie, siropul de arțar, turmericul și sarea. Adăugați semințele de chia și amestecați până se omogenizează bine, apoi puneți la frigider pentru 15 minute. Scoateți, amestecați din nou, apoi acoperiți și puneți din nou la frigider pentru a se gelifica cel puțin 2 ore sau peste noapte.

Se pune intr-un recipient ermetic si se tine la frigider pana la 7 zile.

91. Hummus de dovleac

Face 2 cani

O cutie de năut de 15 uncii, scurs și clătit

⅔cană piure de dovleac

½ lingurita sare

1 lingurita chimen macinat

Suc de ½ lămâie mare

1 lingura ulei de masline infuzat cu usturoi

Puneți năutul, dovleacul, sarea, chimenul, sucul de lămâie și uleiul de măsline în baza unui robot de bucătărie. Amestecați până când este omogen și cremos, răzuind părțile laterale după cum este necesar.

Transferați într-un recipient ermetic și păstrați la frigider până la 1 săptămână.

Opțiuni FODMAP mai scăzute:

Bucurați-vă de o porție mai mică, de 2 linguri de hummus, pentru o opțiune mai scăzută de FODMAP.

92. Muşcături de aluat de prăjituri cu năut

Face aproximativ 16 bile

O cutie de năut de 15 uncii, scurs, clătit și uscat

⅓cană făină de ovăz

¼ cană unt de arahide

3 linguri sirop de arțar 100%, plus mai mult după dorință

1 lingurita extract de vanilie

¼ lingurita sare

¼ lingurita de scortisoara macinata

⅓cană fulgi de ciocolată fără lactate (Enjoy Life Foods are multe produse certificate cu FODMAP scăzut, inclusiv fulgi de ciocolată!)

Puneți năutul, făina de ovăz, untul de arahide, siropul de arțar, vanilia, sarea și scorțișoara în baza unui robot de bucătărie.

Procesați până se formează un aluat. Gustați, adăugând mai mult sirop de arțar, după cum doriți.

Încorporați fulgii de ciocolată, apoi presă până când se combină și chipsurile sunt încorporate.

Rulați-le în bile și puneți-le pe o tavă de copt tapetată cu hârtie de copt. Păstrați la frigider pentru a se întări cel puțin 15 minute. Transferați într-un recipient ermetic și păstrați la frigider până la 1 săptămână.

93. Tonic energetic

INGREDIENTE

BAZA:

2-4 linguri pudră proteică vegană.

1 lingurita pudra de maca.

1 linguriță pudră de ashwagandha.

1 lingurita praf de amestec de ciuperci.

1 linguriță pudră de astragalus.

1/4 cană nuci pecan.

2 nuci braziliene.

2 căni de apă fierbinte

Un praf de stevia.

1-2 linguri sirop de artar sau curmale

SUPLIMENTARE:

1 lingurita pudra de cacao.

1 lingurita cafea macinata.

1/2 linguriță extract de vanilie.

•1/2 linguriță amestec de condimente pentru plăcintă cu mere, după dorință.

DIRECTII:

Amestecați toate ingredientele active de bază, cu excepția siropului de arțar, până când sunt omogene, catifelate și gustoase. Includeți 1 până la 2 linguri de sirop de arțar sau o mână mică de curmale, dacă doriți să fie mai dulce.

Se recomandă să amestecați suplimentele dacă utilizați o pudră proteică simplă. Pudra proteică folosită de acest fel de mâncare are în prezent cafea și ciocolată, așa că oferă multă aromă gustoasă. Nu utilizați o pudră proteică cu gust grosolan!

Stropiți cu condiment pentru plăcintă cu mere, dacă este folosit, și bucurați-vă!

94. Smoothie de plăcintă cu mere

INGREDIENTE:

4 mere.

17 oz iaurt de cocos.

4 cani de lapte de migdale.

4 linguri de seminte de chia.

2,1 oz ovăz rulat.

1 lingurita scortisoara macinata.

4 linguri de vanilie, pudră proteică vegană.

1 lingurita nucsoara macinata.

1 linguriță de stevia (opțional) dacă pudra proteică este mai degrabă îndulcită, nu veți avea nevoie de acest lucru.

DIRECTII:

Porționați ingredientele active uscate într-o pungă sau recipient pentru fiecare dimineață devreme. Rezervă-ți merele, astfel încât nimeni să nu ajungă la ele înainte de tine!

Când este ora micul dejun, măruiește mărunt, aruncă miezul. Adăugați-l în blender cu laptele de migdale, iaurtul de cocos și recipientul pregătit cu componente uscate.

Amestecă până când este omogen și delicios!

95. Smoothie pentru plăcintă cu mere verde

INGREDIENTE:

1 cană de lapte de migdale.

1 lingură pudră proteică de vanilie pe bază de plante.

1/4 cană de ovăz rulat fără gluten.

1 măr mediu, decojit, fără miez și feliat.

1/2 banană congelată.

1/2 linguriță extract de vanilie.

1 lingurita sirop de artar.

1 lingurita scortisoara.

Ciupiți nucșoară.

Ciupiți ghimbir măcinat.

Gheață, la nevoie.

DIRECTII:

Adăugați toate ingredientele active într-un mixer de mare viteză.

Se amestecă la mare până se omogenizează.

Adăugați gheață într-un mixer dacă aveți nevoie de un smoothie rece.

Turnați într-un pahar și bucurați-vă.

96. Smoothie cu vanilie și caju

INGREDIENTE:

2 banane congelate.

1 și 1/2 cană de lapte de migdale.

1 lingura unt de caju.

1 lingură pudră proteică.

1 lingurita pudra de maca.

DIRECTII:

Doar amestecați orice într-un blender de mare viteză și amestecați până la omogenizare și cremoasă.

97. Shake de banane cu unt de arahide

SCUTURA:

1 banană mare coaptă

2 linguri de unt de arahide natural sarat

1-2 curmale întregi

1 lingura pudra de cacao sau pudra de cacao neindulcita.

1 până la 1 1/2 cană Almond Breeze Lapte de migdale Original Neindulcit.

1/2 cană gheață

OPȚIONAL:

1 linguriță niburi de cacao pentru efectul de „chip de ciocolată" (se amestecă sau se folosește ca topping).

1 lingura seminte de in sau canepa.

Sos de ciocolata fara lactate.

Frisca de cocos.

DIRECTII:

Adăugați toate ingredientele cu excepția laptelui de migdale în mixer. Includeți lapte de migdale 1/2 cană o dată, inclusiv suficient pentru a permite componentelor să se amestece. Adăugați mai mult pentru un shake mai subțire și mai puțin pentru un shake mai gros.

Gustați și schimbați aromele, inclusiv mai multe banane sau curmale pentru dulceață, cacao pentru aromă de ciocolată și unt de arahide pentru salinitate. Opțional: adăugați o mână de gheață pentru o grosime suplimentară.

Cel mai bine când este proaspăt, deși resturile se vor păstra acoperite în frigider timp de aproximativ 24 de ore. S-ar putea chiar să înghețe asta în palete!

98. Smoothie de mic dejun cu vanilie

INGREDIENTE:

1 banană congelată, feliată

1 cană lapte de migdale vanilat

$\frac{1}{4}$ cană de ovăz de modă veche

$\frac{1}{4}$ cană stafide

1 lingură făină din semințe de in

$\frac{1}{4}$ linguriță de scorțișoară

3 linguri pudră proteică de vanilie

DIRECTII:

Adăugați toate ingredientele într-un blender și amestecați până se omogenizează.

99. Smoothie de banane cu ciocolată

INGREDIENTE:

Smoothie Bowl

1 banană congelată, 4 felii rezervate pentru topping

½ cană lapte de migdale sau alt lapte fără lactate

1 lingura unt de migdale

1 lingura pudra de cacao

1 lingura sirop de artar

1 cană spanac

Toppinguri

4 felii de banane (de sus)

1 căpșună, feliată

2 linguri chipsuri de ciocolată fără lactate

2 linguri de semințe de cânepă crude decojite

DIRECTII:

Adăugați ingredientele din bolul pentru smoothie într-un blender și amestecați până la omogenizare.

Se toarnă într-un bol și se ornează cu toppinguri.

100. Biluțe de fructe în bourbon

INGREDIENTE:

½ cană bile de pepene galben (cantălup, crenshaw sau un amestec)

½ cană căpşuni tăiate pe jumătate

1 lingura de bourbon

1 lingura zahar

½ pachet de îndulcitor aspartam sau după gust

Crengute de menta proaspata pentru decor

Combinați biluțele de pepene galben și căpşunile într-un vas de sticlă.

Se amestecă cu bourbon, zahăr și aspartam.

Se acopera si se da la frigider pana la momentul servirii. Turnați fructele în vasele de desert și decorați cu frunze de mentă.

CONCLUZIE

Fie că sunteți bine pe calea pe bază de plante sau sunteți încântați să începeți, cele 100 de rețete irezistibile din această carte, inclusiv salată de linte cu lămâie, supă de cartofi cu broccoli, granola cu arahide de arțar și lapte de prăjituri cu ciocolată, vă vor pregăti să îmbrățișați puterea de a fi alimentat cu fibre!

CPSIA information can be obtained
at www.ICGtesting.com
Printed in the USA
LVHW081521011222
734192LV00027BA/193

9 781805 420644